前　言

本报告是"一带一路"国家劳动力成本与劳动力保障水平的量化研究成果。根据区域分布、发达程度、与中国的贸易额大小、国家特征、统计数据的可获得性等因素,本报告选取了 36 个"一带一路"国家作为样本国家①。这些国家包括:

亚美尼亚、奥地利、阿塞拜疆、孟加拉国、白俄罗斯、保加利亚、喀麦隆、智利、中国、哥斯达黎加、捷克、厄瓜多尔、埃及、加纳、希腊、匈牙利、以色列、哈萨克斯坦、韩国、立陶宛、马来西亚、摩尔多瓦、蒙古国、新西兰、巴拿马、菲律宾、波兰、葡萄牙、罗马尼亚、俄罗斯、斯洛伐克、斯洛文尼亚、斯里兰卡、土耳其、乌克兰、越南。

本报告包括五个部分,涵括 167 个指标或数据序列。报告的组成部分是:1."一带一路"国家概要;2."一带一路"国家的人口与劳动力;3."一带一路国家"的就业人口与分布;4."一带一路"国家的劳动力成本;5."一带一路"国家的劳动保障水平。

本报告的数据来自联合国、世界银行、国际劳工组织、世界卫生组织、国际社会保障协会、经济合作发展组织等国际组织的数据库,本报告中的每张数据表均注明了数据来源。

本报告的货币以现价美元为单位,并采用"百分比"与"人均金额"两大类指标进行分析,有关指标数值总体上具有可比性。

由于有些国家的数据无法获取,只能对可获取数据的国家进行比较分析。鉴于数据的可获得性,本报告主要采用了 2015 年到 2017 年的数据,个别情况下采用了其他最新可用年份的数据。

中国的数据不包括中国台湾、中国香港与中国澳门地区。

本报告由中央财经大学中国社会保障研究中心主任褚福灵教授撰写,中心研究人员李诗晴、张瑾、李阳、李亦轩、侯佳昕、高天一、李洲、韩璐、陈雪雯等在文献搜集整理等方面做了大量工作。

本报告是中央财经大学"一带一路"与区域发展研究专项——《"一带一路"国家的劳动力成本与劳动保障水平研究报告》的研究成果,得到国家社科基金重点项目(14AZD117)和"高等学校学科创新引智计划(B17050)"的资助。

本报告的有关资讯将在"社会保障发展指数报告微信公众号"和中央财经大学中国社会保障研究中心网站(http://www.cssc.cufe.edu.cn)上发布。

校领导、科研处、保险学院等对本报告的出版给予了大力支持,天津人民出版社的编辑付出了辛勤劳动,在此一并表示感谢。

褚福灵

2019 年 8 月 10 日于北京

---

① 根据中国"一带一路"网(https://www.yidaiyilu.gov.cn/),参与"一带一路"倡议的国家不断增加,截至 2019 年 7 月 20 日,有 137 个国家与中国签订了"一带一路"合作文件。

Preface

This report is the quantitative research result of "the Belt and Road" country labor cost and labor security level. 36 "the Belt and Road" countries are selected as sample countries in this report according to factors such as regional distribution, development degree, trade volume with China, national characteristics and availability of statistical data[①]. These countries include:

Armenia, Austria, Azerbaijan, Bangladesh, Belarus, Bulgaria, Cameroon, Chile, China, Costa Rica, Czech Republic, Ecuador, Egypt, Ghana, Greece, Hungary, Israel, Kazakhstan, Republic of Korea, Lithuania, Malaysia, Moldova, Republic of, Mongolia, New Zealand, Panama, Philippines, Poland, Portugal, Romania, Russian Federation, Slovakia, Slovenia, Sri Lanka, Turkey, Ukraine, Viet Nam.

The report consists of five sections containing 167 indicators or data sequences. The report consists of: 1. "the Belt and Road" country profile; 2. "the Belt and Road" country's population and labor force ; 3. Employment population and distribution of "the Belt and Road" countries; 4. Labor costs in "the Belt and Road" countries; 5. Labor security level of "the Belt and Road" countries.

The data in this report are from databases of international organizations such as the United Nations, the worldbank, the international labor organization, the world health organization, the International Social Security Association, and the Organization for Economic Cooperation and Development.

The currency used in this report is expressed in US dollars and is analysed using two categories of indicators, namely "percentage" and "per capita amount", which are generally comparable.

Since data for some countries are not available, comparative analysis can only be done for those countries whose data are available. In view of the availability of data, this report mainly uses data from 2015 to 2017 and, in some cases, data from other recent available years.

China's figures exclude Taiwan, Hong Kong and Macau.

This report was written by professor Chu Fuling, director of the China social security research center of the Central University of Finance and Economics. Researchers Li Shiqing, Zhang Jin, Li Yang, Li Yixuan, Hou Jiaxin, Gao Tianyi, Li Zhou, Han Lu, Chen Xuewen etc. have done a lot of

---

① According to Chinese website "the Belt and Road" (https://www.yidaiyilu.gov.cn/).The number of countries participating in the Belt and Road Initiative continues to grow. As of July 20, 2019, 137 countries have signed "the Belt and Road" cooperation documents with China.

work in literature collection and collation.

This report is the research result of "the Belt and Road" and regional development research project of Central University of Finance and Economics — "the Belt and Road" national labor cost and labor security level research report. This report is supported by National social science fund key projects (14AZD117) and the Higher Education Institutions' Discipline Innovation and Introduce Talents Programme (B17050).

University authorities, scientific research office, Insurance school and other to give strong support, editors of Tianjin People's Publishing House paid a hard work, here together express thanks.

Chu Fuling
Beijing, August 10, 2019

目　　录

CONTENTS

第1章 "一带一路"国家概要
Chapter 1 "The Belt and Road" country profile

本章分析介绍 36 个"一带一路"样本国家的国内生产总值总量、人均国内生产总值、国内生产总值增长率、收入分组、物价指数、劳动份额、就业者人均创造的国内生产总值等内容。

This chapter analyzes and introduces the gross domestic product, per capita gross domestic product, GDP growth rate, income group, price index, labor share, per capita gross domestic product created by employed people and other contents of 36 "the Belt and Road" sample countries.

1.1 "一带一路"样本国家的国内生产总值与增长率
GDP and growth rate of "the Belt and Road" sample countries

1.1.1 "一带一路"样本国家的国内生产总值
GDP of "the Belt and Road" sample countries

资料来源:联合国数据库
Source: UN Database
单位:百万美元(millions of US dollars)

国家与地区	Countries and Regions①	2015	2016	2017	2017 年排名 Rank of 2017	趋势 Trend
世界	World	74696419	75648868	80501414		上升 Up
亚美尼亚	Armenia	10553	10572	11537	34	上升 Up
奥地利	Austria	382066	390800	416836	6	上升 Up
阿塞拜疆	Azerbaijan	53076	37847	40749	32	波动 Fluctuate
孟加拉国	Bangladesh	194466	220837	245633	11	上升 Up
白俄罗斯	Belarus	56455	47408	54441	29	波动 Fluctuate
保加利亚	Bulgaria	50199	53240	58222	27	上升 Up
喀麦隆	Cameroon	30916	32217	34924	33	上升 Up
智利	Chile	242518	247046	277081	10	上升 Up
中国	China	11226185	11218281	12237782	1	波动 Fluctuate
哥斯达黎加	Costa Rica	54840	57436	57565	28	上升 Up
捷克共和国	Czech Republic	186830	195305	215825	13	上升 Up
厄瓜多尔	Ecuador	100177	98010	104296	22	波动 Fluctuate

---

① 本书中国家名称及英文拼写采用国际劳工组织的用法,下同。

国家与地区	Countries and Regions	2015	2016	2017	2017 年排名 Rank of 2017	趋势 Trend
埃及	Egypt	317750	270144	195136	17	下降 Down
加纳	Ghana	37338	42794	58996	26	上升 Up
希腊	Greece	195542	192691	203086	15	波动 Fluctuate
匈牙利	Hungary	122879	125817	139761	20	上升 Up
以色列	Israel	299094	317748	353268	7	上升 Up
哈萨克斯坦	Kazakhstan	184388	135005	159407	19	波动 Fluctuate
韩国	Korea,Republic of	1382764	1411246	1530751	3	上升 Up
立陶宛	Lithuania	41509	42773	47544	31	上升 Up
马来西亚	Malaysia	296284	296531	314707	8	上升 Up
摩尔多瓦	Moldova,Republic of	6513	6773	8128	36	上升 Up
蒙古国	Mongolia	11750	11160	11135	35	下降 Down
新西兰	New Zealand	177621	187517	202044	16	上升 Up
巴拿马	Panama	52132	55188	61838	25	上升 Up
菲律宾	Philippines	292774	304906	313595	9	上升 Up
波兰	Poland	477356	471402	526212	5	波动 Fluctuate
葡萄牙	Portugal	199420	204837	195041	18	波动 Fluctuate
罗马尼亚	Romania	177524	186691	211804	14	上升 Up
俄罗斯联邦	Russian Federation	1326324	1246015	1577524	2	波动 Fluctuate
斯洛伐克	Slovakia	87501	89769	95618	23	上升 Up
斯洛文尼亚	Slovenia	43072	44709	48456	30	上升 Up
斯里兰卡	Sri Lanka	80612	81322	87357	24	上升 Up
土耳其	Turkey	859794	863712	851542	4	波动 Fluctuate
乌克兰	Ukraine	91031	93270	112154	21	上升 Up
越南	Viet Nam	193241	205276	223780	12	上升 Up

1.1.2 "一带一路"样本国家的人均国内生产总值
Per capita GDP of "the Belt and Road" sample countries

资料来源:联合国数据库

Source: UN Database

单位:美元(US dollars)

国家与地区	Countries and Regions	2015	2016	2017	2017 年排名 Rank of 2017	趋势 Trend
世界	World	10120	10134	10665	18	上升 Up
亚美尼亚	Armenia	3618	3615	3937	28	波动 Fluctuate
奥地利	Austria	44024	44857	47718	1	上升 Up
阿塞拜疆	Azerbaijan	5519	3892	4146	27	波动 Fluctuate
孟加拉国	Bangladesh	1206	1355	1492	36	上升 Up
白俄罗斯	Belarus	5952	5001	5750	25	波动 Fluctuate
保加利亚	Bulgaria	6994	7465	8218	23	上升 Up

续表

国家与地区	Countries and Regions	2015	2016	2017	2017 年排名 Rank of 2017	趋势 Trend
喀麦隆	Cameroon	1354	1374	1452	37	上升 Up
智利	Chile	13653	13794	15347	11	上升 Up
中国	China	8036	7993	8682	22	波动 Fluctuate
哥斯达黎加	Costa Rica	11406	11825	11734	15	波动 Fluctuate
捷克共和国	Czech Republic	17619	18406	20326	6	上升 Up
厄瓜多尔	Ecuador	6205	5982	6273	24	波动 Fluctuate
埃及	Egypt	3388	2823	2000	35	下降 Down
加纳	Ghana	1354	1517	2046	33	上升 Up
希腊	Greece	17431	17230	18198	8	波动 Fluctuate
匈牙利	Hungary	12559	12900	14376	13	上升 Up
以色列	Israel	37088	38788	42452	3	上升 Up
哈萨克斯坦	Kazakhstan	10388	7505	8756	21	波动 Fluctuate
韩国	Korea, Republic of	27331	27785	30025	4	上升 Up
立陶宛	Lithuania	14157	14707	16450	10	上升 Up
马来西亚	Malaysia	9644	9508	9951	20	波动 Fluctuate
摩尔多瓦	Moldova, Republic of	1602	1668	2006	34	上升 Up
蒙古国	Mongolia	3947	3686	3620	29	下降 Down
新西兰	New Zealand	38492	40233	42935	2	上升 Up
巴拿马	Panama	13134	13680	15088	12	上升 Up
菲律宾	Philippines	2878	2951	2989	30	上升 Up
波兰	Poland	12475	12332	13786	14	波动 Fluctuate
葡萄牙	Portugal	19141	19750	18882	7	波动 Fluctuate
罗马尼亚	Romania	8931	9439	10763	17	上升 Up
俄罗斯联邦	Russian Federation	9218	8655	10956	16	波动 Fluctuate
斯洛伐克	Slovakia	16087	16489	17552	9	上升 Up
斯洛文尼亚	Slovenia	20760	21517	23296	5	上升 Up
斯里兰卡	Sri Lanka	3892	3910	4184	26	上升 Up
土耳其	Turkey	10985	10863	10546	19	下降 Down
乌克兰	Ukraine	2038	2099	2536	31	上升 Up
越南	Viet Nam	2065	2171	2342	32	上升 Up

1.1.3 "一带一路"样本国家的国内生产总值增长率

The GDP growth rate of "the Belt and Road" sample countries

资料来源:联合国数据库

Source: UN Database

单位:%(percent)

国家与地区	Countries and Regions	2015	2016	2017	2017 年排名 Rank of 2017	趋势 Trend
世界	World	2.8	2.4	3.1	26	波动 Fluctuate

国家与地区	Countries and Regions	2015	2016	2017	2017 年排名 Rank of 2017	趋势 Trend
亚美尼亚	Armenia	3.2	0.2	7.5	2	波动 Fluctuate
奥地利	Austria	1	1.5	2.6	30	上升 Up
阿塞拜疆	Azerbaijan	0.6	−2.5	0.1	37	波动 Fluctuate
孟加拉国	Bangladesh	6.6	7.1	7.3	4	上升 Up
白俄罗斯	Belarus	−3.8	−2.6	2.4	32	上升 Up
保加利亚	Bulgaria	3.6	3.9	3.8	20	波动 Fluctuate
喀麦隆	Cameroon	5.7	4.5	3.5	21	下降 Down
智利	Chile	2.3	1.6	1.5	33	下降 Down
中国	China	6.9	7.3	6.9	5	波动 Fluctuate
哥斯达黎加	Costa Rica	4.7	4.3	3.2	24	下降 Down
捷克共和国	Czech Republic	5.3	2.6	4.3	15	波动 Fluctuate
厄瓜多尔	Ecuador	0.2	−2.2	3	28	波动 Fluctuate
埃及	Egypt	6.3	4.3	4.2	16	下降 Down
加纳	Ghana	3.8	3.5	8.1	1	波动 Fluctuate
希腊	Greece	−0.3	−0.2	1.5	33	上升 Up
匈牙利	Hungary	3.4	2.2	4.1	17	波动 Fluctuate
以色列	Israel	2.6	4	3.5	21	波动 Fluctuate
哈萨克斯坦	Kazakhstan	1.2	1	4	19	波动 Fluctuate
韩国	Korea, Republic of	2.8	2.8	3.1	26	波动 Fluctuate
立陶宛	Lithuania	2	2.3	4.1	17	上升 Up
马来西亚	Malaysia	5	4.3	5.9	9	波动 Fluctuate
摩尔多瓦	Moldova, Republic of	−0.4	4.3	4.5	14	上升 Up
蒙古国	Mongolia	2.4	1	5.1	11	波动 Fluctuate
新西兰	New Zealand	3.5	3	2.8	29	下降 Down
巴拿马	Panama	5.8	4.9	5.4	10	波动 Fluctuate
菲律宾	Philippines	6.1	6.9	6.7	8	波动 Fluctuate
波兰	Poland	3.8	2.9	4.8	13	波动 Fluctuate
葡萄牙	Portugal	1.8	1.5	0.9	36	下降 Down
罗马尼亚	Romania	3.9	4.8	6.9	5	上升 Up
俄罗斯联邦	Russian Federation	−2.8	−0.2	1.5	33	上升 Up
斯洛伐克	Slovakia	3.9	3.3	3.2	24	下降 Down
斯洛文尼亚	Slovenia	2.3	3.1	4.9	12	上升 Up
斯里兰卡	Sri Lanka	4.8	4.4	3.3	23	下降 Diwn
土耳其	Turkey	6.1	3.2	7.4	3	波动 Fluctuate
乌克兰	Ukraine	−9.8	2.3	2.5	31	上升 Up
越南	Viet Nam	6.7	6.2	6.8	7	波动 Fluctuate

1.2 "一带一路"样本国家的收入、物价、分配与生产率
Income, prices, distribution and productivity in "the Belt and Road" sample countries

1.2.1 "一带一路"样本国家的地域分布与收入组类别
"The Belt and Road" sample country's region distribution and income group category

资料来源:世界银行 WDI 数据库

source: www.worldbank.org,WDI database

国家与地区	Countries and Regions	地域 Region	收入组别 Income group
亚美尼亚	Armenia	欧洲与中亚 Europe & Central Asia	中高收入 Upper middle income
奥地利	Austria	欧洲与中亚 Europe & Central Asia	高收入 High income
阿塞拜疆	Azerbaijan	欧洲与中亚 Europe & Central Asia	中高收入 Upper middle income
孟加拉国	Bangladesh	南亚 South Asia	中低收入 Lower middle income
白俄罗斯	Belarus	欧洲与中亚 Europe & Central Asia	中高收入 Upper middle income
保加利亚	Bulgaria	欧洲与中亚 Europe & Central Asia	中高收入 Upper middle income
喀麦隆	Cameroon	Sub-Saharan Africa 撒哈拉以南非洲	中低收入 Lower middle income
智利	Chile	拉丁美洲与加勒比 Latin America & Caribbean	高收入 High income
中国	China	东亚与太平洋 East Asia & Pacific	中高收入 Upper middle income
哥斯达黎加	Costa Rica	拉丁美洲与加勒比 Latin America & Caribbean	中高收入 Upper middle income
捷克共和国	Czech Republic	欧洲与中亚 Europe & Central Asia	高收入 High income
厄瓜多尔	Ecuador	拉丁美洲与加勒比 Latin America & Caribbean	中高收入 Upper middle income
埃及	Egypt	中东与北非 Middle East & North Africa	中低收入 Lower middle income
加纳	Ghana	撒哈拉以南非洲 Sub-Saharan Africa	中低收入 Lower middle income
希腊	Greece	欧洲与中亚 Europe & Central Asia	高收入 High income
匈牙利	Hungary	欧洲与中亚 Europe & Central Asia	高收入 High income
以色列	Israel	中东与北非 Middle East & North Africa	高收入 High income
哈萨克斯坦	Kazakhstan	欧洲与中亚 Europe & Central Asia	中高收入 Upper middle income
韩国	Korea,Republic of	东亚与太平洋 East Asia & Pacific	高收入 High income
立陶宛	Lithuania	欧洲与中亚 Europe & Central Asia	高收入 High income
马来西亚	Malaysia	欧洲与中亚 East Asia & Pacific	中高收入 Upper middle income
摩尔多瓦	Moldova,Republic of	欧洲与中亚 Europe & Central Asia	中低收入 Lower middle income
蒙古国	Mongolia	东亚与太平洋 East Asia & Pacific	中低收入 Lower middle income
新西兰	New Zealand	东亚与太平洋 East Asia & Pacific	高收入 High income
巴拿马	Panama	拉丁美洲与加勒比 Latin America & Caribbean	高收入 High income
菲律宾	Philippines	东亚与太平洋 East Asia & Pacific	中低收入 Lower middle income
波兰	Poland	欧洲与中亚 Europe & Central Asia	高收入 High income

国家与地区	Countries and Regions	地域 Region	收入组别 Income group
葡萄牙	Portugal	欧洲与中亚 Europe & Central Asia	高收入 High income
罗马尼亚	Romania	欧洲与中亚 Europe & Central Asia	中高收入 Upper middle income
俄罗斯联邦	Russian Federation	欧洲与中亚 Europe & Central Asia	中高收入 Upper middle income
斯洛伐克	Slovakia	欧洲与中亚 Europe & Central Asia	高收入 High income
斯洛文尼亚	Slovenia	欧洲与中亚 Europe & Central Asia	高收入 High income
斯里兰卡	Sri Lanka	南亚 South Asia	中低收入 Lower middle income
土耳其	Turkey	欧洲与中亚 Europe & Central Asia	中高收入 Upper middle income
乌克兰	Ukraine	欧洲与中亚 Europe & Central Asia	中低收入 Lower middle income
越南	Viet Nam	东亚与太平洋 East Asia & Pacific	中低收入 Lower middle income

说明:根据世界银行 2017 年的收入分组标准,人均国民收入低于或等于 995 美元的为低收入国家,人均国民收入在 996—3895 美元之间的为中低收入国家,人均国民收入在 3896—12055 美元之间的为中高收入国家,人均国民收入大于或等于 12055 美元的为高收入国家。

Explanation: According to the world bank's income grouping criteria in 2017, low-income countries are defined as those with per capita national income below less than or equal to US $995, middle and low-income countries are defined as those with per capita national income between US $996 and US $3895, middle and high-income countries are defined as those with per capita national income between US $3896 and US $12055, and high-income countries are defined as those with per capita national income equal to or greater than US $12055.

1.2.2 "一带一路"样本国家的消费价格指数

The consumer price index of "the Belt and Road" sample countries

资料来源:国际劳工组织数据库

Source: ILO Database

单位:%(percent)

国家与地区	Countries and Regions	2015	2016	2017	平均变动率 Percent of average change	评估 Assessment
奥地利	Austria	0.90	0.89	2.08	0.97	过低 Too low
孟加拉国	Bangladesh	6.19	5.51	5.70	4.35	适中 Moderate
保加利亚	Bulgaria	−0.10	−0.80	2.06	0.29	过低 Too low
喀麦隆	Cameroon	2.68	0.87	0.64	1.05	适中 Moderate
智利	Chile	4.35	3.79	2.18	2.58	适中 Moderate
中国	China	1.44	2.00	1.59	1.26	适中 Moderate
哥斯达黎加	Costa Rica	0.80	−0.02	1.63	0.60	过低 Too low
捷克共和国	Czech Republic	0.31	0.68	2.45	0.86	过低 Too low
厄瓜多尔	Ecuador	3.97	1.73	0.42	1.53	适中 Moderate
埃及	Egypt	10.36	13.81	29.50	13.42	过高 Too high
加纳	Ghana	17.15	17.45	12.37	11.74	过高 Too high
希腊	Greece	−1.74	−0.83	1.12	−0.36	过低 Too low
匈牙利	Hungary	−0.06	0.39	2.35	0.67	过低 Too low
以色列	Israel	−0.60	−0.54	0.24	−0.23	过低 Too low
韩国	Korea, Republic of	0.71	0.97	1.94	0.91	过低 Too low
立陶宛	Lithuania	−0.88	0.91	3.72	0.94	过低 Too low
马来西亚	Malaysia	2.10	2.09	3.87	2.02	适中 Moderate
蒙古国	Mongolia	6.58	1.06	4.05	2.92	适中 Moderate
新西兰	New Zealand	0.29	0.65	1.85	0.70	过低 Too low
巴拿马	Panama	0.13	0.74	0.88	0.44	过低 Too low
菲律宾	Philippines	0.67	1.25	2.85	1.19	适中 Moderate
波兰	Poland	−0.87	−0.66	2.08	0.14	过低 Too low
葡萄牙	Portugal	0.49	0.61	1.37	0.62	过低 Too low
罗马尼亚	Romania	−0.59	−1.54	1.34	−0.20	过低 Too low
俄罗斯联邦	Russian Federation	15.53	7.04	3.68	6.56	适中 Moderate
斯洛伐克	Slovakia	−0.33	−0.52	1.31	0.12	过低 Too low
斯洛文尼亚	Slovenia	−0.53	−0.05	1.43	0.21	过低 Too low
斯里兰卡	Sri Lanka	3.77	3.96	7.70	3.86	适中 Moderate
土耳其	Turkey	7.67	7.78	11.14	6.65	适中 Moderate
乌克兰	Ukraine	48.70	13.91	14.44	19.26	过高 Too high
越南	Viet Nam	0.88	3.24	3.52	1.91	适中 Moderate

说明:消费价格指数适度变动率的取值为4%±3%。当价格指数在1%与7%区间变动时,认为处于合理区间;如果小于1%,认为变动率过低;如果大于7%,认为变动率过高。

Explanation: The moderate change rate of consumer price index is 4% ± 3%. When the price index changes between 1% and 7%, it is considered to be in a reasonable range. If less than 1%, the rate of change is considered too low; If it is more than 7%, the rate of change is considered too high.

1.2.3 "一带一路"样本国家的劳动收入占国内生产总值的比重

Labour income as a share of GDP in "the Belt and Road"sample countries

资料来源:国际劳工组织数据库

Source: ILO Database

单位:%(percent）

国家与地区	Countries and Regions	2015	2016	2017	2015 年排名 Rank of 2015
亚美尼亚	Armenia	38.1			19
奥地利	Austria	54.6	54.7	54.3	4
阿塞拜疆	Azerbaijan	22.1	21.2	19.4	25
白俄罗斯	Belarus	47.7	47.2	46.9	8
保加利亚	Bulgaria	56.2	56.3	59.0	3
哥斯达黎加	Costa Rica	31.9			23
捷克共和国	Czech Republic	46.5	47.3	48.3	12
希腊	Greece	49.4	49.3	49.3	7
匈牙利	Hungary	45.2	47.1	47.2	14
以色列	Israel	44.0	44.2	45.3	16
韩国	Korea,Republic of	60.3	60.1	59.5	2
立陶宛	Lithuania	47.7	50.0	49.8	9
马来西亚	Malaysia	34.8			21
摩尔多瓦	Moldova,Republic of	42.5	41.9		17
蒙古国	Mongolia	27.0	27.6		24
新西兰	New Zealand	51.0	50.6	50.0	6
菲律宾	Philippines	35.3	35.7	36.3	20
波兰	Poland	47.1	48.2	48.5	10
葡萄牙	Portugal	51.6	51.4	51.7	5
罗马尼亚	Romania	32.3	34.0	36.0	22
俄罗斯	Russian Federation	46.9	47.9	48.1	11
斯洛伐克	Slovakia	44.7	45.5	46.9	15
斯洛文尼亚	Slovenia	60.6	61.2	61.0	1
土耳其	Turkey	45.6	50.3	47.6	13
乌克兰	Ukraine	39.1	36.6	38.9	18

说明:空格表示数据无法获取。

Explanation: A blank indicates that the data is not available.

1.2.4 "一带一路"样本国家的每个就业者创造的国内生产总值
GDP generated by each worker in "the Belt and Road" sample countries

资料来源:国际劳工组织数据库
Source: ILO Database
单位:2010 年不变价,美元(constant price 2010, US $)

国家与地区	Countries and Regions	2015	2016	2017	2017 年排名 Rank of 2017	趋势 Trend
世界	World	23920	24227	24625	16	上升 Up
亚美尼亚	Armenia	10046	10160	10946	27	上升 Up
奥地利	Austria	98041	98823	101107	1	上升 Up
阿塞拜疆	Azerbaijan	12786	12162	12008	25	下降 Down
孟加拉国	Bangladesh	2550	2683	2718	37	上升 Up
白俄罗斯	Belarus	12622	12350	12740	24	波动 Fluctuate
保加利亚	Bulgaria	17983	18763	18601	22	波动 Fluctuate
喀麦隆	Cameroon	3504	3553	3556	35	上升 Up
智利	Chile	32320	32490	32570	14	上升 Up
中国	China	11618	12389	13235	23	上升 Up
哥斯达黎加	Costa Rica	21289	22700	22670	20	波动 Fluctuate
捷克共和国	Czech Republic	44260	44519	45738	8	上升 Up
厄瓜多尔	Ecuador	11755	11141	11069	26	下降 Down
埃及	Egypt	9482	9717	9884	30	上升 Up
加纳	Ghana	4384	4430	4680	34	上升 Up
希腊	Greece	64123	62791	62098	4	下降 Down
匈牙利	Hungary	33677	33308	34079	11	波动 Fluctuate
以色列	Israel	78211	79699	80678	2	上升 Up
哈萨克斯坦	Kazakhstan	21256	21370	22124	21	上升 Up
韩国	Korea, Republic of	48375	49353	50341	6	上升 Up
立陶宛	Lithuania	33136	33055	34077	12	波动 Fluctuate
马来西亚	Malaysia	22969	23555	24471	18	上升 Up
摩尔多瓦	Moldova, Republic of	4836	5242	5544	33	上升 Up
蒙古国	Mongolia	9597	10047	10319	28	上升 Up
新西兰	New Zealand	71279	71657	71988	3	上升 Up
巴拿马	Panama	23671	24273	24828	15	上升 Up
菲律宾	Philippines	6367	6684	7274	31	上升 Up
波兰	Poland	32571	32927	33857	13	上升 Up
葡萄牙	Portugal	49624	49818	49551	7	波动 Fluctuate
罗马尼亚	Romania	22445	23711	24623	17	上升 Up
俄罗斯联邦	Russian Federation	23405	23407	23936	19	上升 Up
斯洛伐克	Slovakia	41673	41848	42608	9	上升 Up
斯洛文尼亚	Slovenia	52987	54733	54894	5	上升 Up
斯里兰卡	Sri Lanka	9594	9997	10286	29	上升 Up
土耳其	Turkey	40792	40942	42423	10	上升 Up
乌克兰	Ukraine	6443	6681	6933	32	上升 Up
越南	Viet Nam	2810	2970	3136	36	上升 Up

第2章 "一带一路"国家的人口与劳动力
Chapter 2 "The Belt and Road"country's population and labor force

本章分析介绍36个"一带一路"样本国家的人口数量、人口结构、劳动力数量、劳动力结构等情况。

This chapter analyzes and introduces the population quantity, population structure, labor force quantity and labor force structure of 36 "the Belt and Road"sample countries.

2.1 "一带一路"样本国家的人口数量
Population size of "the Belt and Road"sample countries

2.1.1 "一带一路"样本国家的人口总数量
Total population of "the Belt and Road" sample countries

资料来源:联合国数据库

Source: UN Database

单位:千人(1000 persons)

国家与地区	Countries and Regions	2015	2016	2017	2017 年排名 Rank of 2017
世界	World	7380929	7464867	7548146	
亚美尼亚	Armenia	2917	2925	2930	34
奥地利	Austria	8679	8712	8735	25
阿塞拜疆	Azerbaijan	9617	9725	9828	22
孟加拉国	Bangladesh	161201	162952	164670	2
白俄罗斯	Belarus	9486	9480	9468	24
保加利亚	Bulgaria	7177	7131	7085	27
喀麦隆	Cameroon	22835	23439	24054	13
智利	Chile	17763	17910	18055	17
中国	China	1397029	1403500	1409517	1
哥斯达黎加	Costa Rica	4808	4857	4906	29
捷克共和国	Czech Republic	10604	10611	10618	20
厄瓜多尔	Ecuador	16144	16385	16625	18
埃及	Egypt	93778	95689	97553	5
加纳	Ghana	27583	28207	28834	12
希腊	Greece	11218	11184	11160	19
匈牙利	Hungary	9784	9753	9722	23
以色列	Israel	8065	8192	8322	26

续表

国家与地区	Countries and Regions	2015	2016	2017	2017 年排名 Rank of 2017
哈萨克斯坦	Kazakhstan	17750	17988	18205	16
韩国	Korea, Republic of	50594	50792	50982	8
立陶宛	Lithuania	2932	2908	2890	35
马来西亚	Malaysia	30723	31187	31624	11
摩尔多瓦	Moldova, Republic of	4066	4060	4051	32
蒙古国	Mongolia	2977	3027	3076	33
新西兰	New Zealand	4615	4661	4706	30
巴拿马	Panama	3969	4034	4099	31
菲律宾	Philippines	101716	103320	104918	4
波兰	Poland	38265	38224	38171	10
葡萄牙	Portugal	10418	10372	10330	21
罗马尼亚	Romania	19877	19778	19679	15
俄罗斯联邦	Russian Federation	143888	143965	143990	3
斯洛伐克	Slovakia	5439	5444	5448	28
斯洛文尼亚	Slovenia	2075	2078	2080	36
斯里兰卡	Sri Lanka	20714	20798	20877	14
土耳其	Turkey	78271	79512	80745	7
乌克兰	Ukraine	44658	44439	44223	9
越南	Viet Nam	93572	94569	95541	6

2.1.2 "一带一路"样本国家的城市人口数量

The urban Population of "the Belt and Road" sample countries

资料来源:联合国数据库

Source: UN Database

单位:千人(1000 persons)

国家与地区	Countries and Regions	2015	2016	2017	2017 年排名 Rank of 2017
世界	World	3979608	4058628	4137404	
亚美尼亚	Armenia	1828	1830	1831	35
奥地利	Austria	5725	5753	5775	24
阿塞拜疆	Azerbaijan	5253	5339	5423	25
孟加拉国	Bangladesh	55255	57090	58935	4
白俄罗斯	Belarus	7272	7304	7330	21
保加利亚	Bulgaria	5308	5296	5284	26
喀麦隆	Cameroon	12418	12877	13347	14
智利	Chile	15903	16064	16223	12
中国	China	776944	796886	816146	1
哥斯达黎加	Costa Rica	3693	3773	3850	29
捷克共和国	Czech Republic	7740	7744	7750	19
厄瓜多尔	Ecuador	10291	10482	10676	16
埃及	Egypt	40451	41359	42270	6

国家与地区	Countries and Regions	2015	2016	2017	2017 年排名 Rank of 2017
加纳	Ghana	14906	15424	15949	13
希腊	Greece	8751	8760	8776	18
匈牙利	Hungary	6969	6990	7010	22
以色列	Israel	7431	7553	7678	20
哈萨克斯坦	Kazakhstan	9451	9575	9692	17
韩国	Korea,Republic of	41727	41950	42169	7
立陶宛	Lithuania	1950	1934	1923	33
马来西亚	Malaysia	22952	23506	24036	10
摩尔多瓦	Moldova,Republic of	1829	1830	1831	34
蒙古国	Mongolia	2145	2205	2263	32
新西兰	New Zealand	3982	4023	4064	27
巴拿马	Panama	2643	2699	2754	31
菲律宾	Philippines	45134	45759	46411	5
波兰	Poland	23165	23138	23110	11
葡萄牙	Portugal	6612	6640	6668	23
罗马尼亚	Romania	10845	10828	10813	15
俄罗斯联邦	Russian Federation	106488	106678	106844	2
斯洛伐克	Slovakia	2915	2911	2907	30
斯洛文尼亚	Slovenia	1030	1031	1032	36
斯里兰卡	Sri Lanka	3802	3828	3857	28
土耳其	Turkey	57449	58750	60045	3
乌克兰	Ukraine	31124	31069	31018	9
越南	Viet Nam	31434	32377	33323	8

2.1.3 "一带一路"样本国家的农村人口数量
The rural population of "the Belt and Road"sample countries

资料来源:联合国数据库

Source: UN Database

单位:千人(1000 persons)

国家与地区	Countries and Regions	2015	2016	2017	2017 年排名 Rank of 2017
世界	World	3401321	3406239	3410742	
亚美尼亚	Armenia	1089	1095	1100	30
奥地利	Austria	2954	2959	2960	20
阿塞拜疆	Azerbaijan	4364	4387	4405	18
孟加拉国	Bangladesh	105946	105861	105734	2
白俄罗斯	Belarus	2213	2176	2138	26
保加利亚	Bulgaria	1870	1835	1801	28
喀麦隆	Cameroon	10417	10562	10707	12
智利	Chile	1860	1845	1831	27
中国	China	620085	606614	593371	1

续表

国家与地区	Countries and Regions	2015	2016	2017	2017 年排名 Rank of 2017
哥斯达黎加	Costa Rica	1114	1084	1056	31
捷克共和国	Czech Republic	2864	2867	2869	21
厄瓜多尔	Ecuador	5854	5903	5949	17
埃及	Egypt	53327	54330	55283	5
加纳	Ghana	12677	12783	12885	11
希腊	Greece	2467	2424	2383	24
匈牙利	Hungary	2815	2763	2712	22
以色列	Israel	634	639	643	35
哈萨克斯坦	Kazakhstan	8299	8413	8513	15
韩国	Korea, Republic of	8867	8842	8814	14
立陶宛	Lithuania	982	974	967	33
马来西亚	Malaysia	7771	7681	7588	16
摩尔多瓦	Moldova, Republic of	2236	2229	2220	25
蒙古国	Mongolia	832	823	813	34
新西兰	New Zealand	633	638	642	36
巴拿马	Panama	1326	1335	1344	29
菲律宾	Philippines	56582	57561	58507	4
波兰	Poland	15100	15087	15060	9
葡萄牙	Portugal	3806	3732	3661	19
罗马尼亚	Romania	9031	8950	8866	13
俄罗斯联邦	Russian Federation	37400	37286	37145	6
斯洛伐克	Slovakia	2524	2533	2540	23
斯洛文尼亚	Slovenia	1045	1047	1048	32
斯里兰卡	Sri Lanka	16912	16970	17020	8
土耳其	Turkey	20823	20763	20701	7
乌克兰	Ukraine	13533	13369	13205	10
越南	Viet Nam	62138	62192	62217	3

2.1.4 "一带一路"样本国家的男性人口数量

The number of men in "the Belt and Road" sample countries

资料来源:联合国数据库

Source: UN Database

单位:千人(1000 persons)

国家与地区	Countries and Regions	2015	2016	2017	2017 年排名 Rank of 2017
世界	World	3723106	3765680	3807889	
亚美尼亚	Armenia	1371	1375	1378	34
奥地利	Austria	4249	4268	4283	25
阿塞拜疆	Azerbaijan	4786	4842	4895	21
孟加拉国	Bangladesh	81343	82199	83036	2
白俄罗斯	Belarus	4413	4411	4406	24
保加利亚	Bulgaria	3490	3467	3444	27

续表

国家与地区	Countries and Regions	2015	2016	2017	2017 年排名 Rank of 2017
喀麦隆	Cameroon	11424	11729	12038	13
智利	Chile	8797	8871	8944	16
中国	China	719760	723170	726320	1
哥斯达黎加	Costa Rica	2406	2430	2454	29
捷克共和国	Czech Republic	5210	5215	5219	20
厄瓜多尔	Ecuador	8071	8190	8309	18
埃及	Egypt	47409	48380	49325	5
加纳	Ghana	13724	14046	14368	12
希腊	Greece	5523	5506	5493	19
匈牙利	Hungary	4650	4638	4625	23
以色列	Israel	4000	4066	4133	26
哈萨克斯坦	Kazakhstan	8595	8711	8817	17
韩国	Korea, Republic of	25325	25419	25510	8
立陶宛	Lithuania	1350	1340	1332	35
马来西亚	Malaysia	15877	16111	16325	11
摩尔多瓦	Moldova, Republic of	1953	1949	1944	32
蒙古国	Mongolia	1474	1498	1521	33
新西兰	New Zealand	2269	2292	2314	30
巴拿马	Panama	1990	2022	2054	31
菲律宾	Philippines	51238	52020	52801	4
波兰	Poland	18484	18462	18434	10
葡萄牙	Portugal	4936	4910	4888	22
罗马尼亚	Romania	9633	9584	9534	15
俄罗斯联邦	Russian Federation	66848	66899	66917	3
斯洛伐克	Slovakia	2644	2647	2648	28
斯洛文尼亚	Slovenia	1029	1031	1033	36
斯里兰卡	Sri Lanka	9979	10007	10034	14
土耳其	Turkey	38503	39134	39767	7
乌克兰	Ukraine	20637	20541	20446	9
越南	Viet Nam	46285	46789	47278	6

2.1.5 "一带一路"样本国家的女性人口数量

The number of women in "the Belt and Road" sample countries

资料来源:联合国数据库

Source: UN Database

单位:千人(1000 persons)

国家与地区	Countries and Regions	2015	2016	2017	2017 年排名 Rank of 2017
世界	World	3657824	3699187	3740258	
亚美尼亚	Armenia	1546	1550	1552	35
奥地利	Austria	4430	4444	4452	25
阿塞拜疆	Azerbaijan	4831	4883	4932	24

续表

国家与地区	Countries and Regions	2015	2016	2017	2017 年排名 Rank of 2017
孟加拉国	Bangladesh	79858	80753	81634	2
白俄罗斯	Belarus	5073	5069	5062	23
保加利亚	Bulgaria	3687	3664	3641	27
喀麦隆	Cameroon	11410	11711	12015	13
智利	Chile	8966	9039	9111	17
中国	China	677269	680330	683197	1
哥斯达黎加	Costa Rica	2402	2428	2452	29
捷克共和国	Czech Republic	5393	5396	5399	21
厄瓜多尔	Ecuador	8073	8195	8316	18
埃及	Egypt	46369	47309	48228	6
加纳	Ghana	13859	14160	14466	12
希腊	Greece	5694	5678	5667	19
匈牙利	Hungary	5134	5116	5097	22
以色列	Israel	4065	4126	4188	26
哈萨克斯坦	Kazakhstan	9155	9276	9388	16
韩国	Korea, Republic of	25269	25372	25472	8
立陶宛	Lithuania	1582	1569	1559	33
马来西亚	Malaysia	14846	15076	15299	11
摩尔多瓦	Moldova, Republic of	2113	2110	2107	31
蒙古国	Mongolia	1503	1529	1554	34
新西兰	New Zealand	2346	2369	2392	30
巴拿马	Panama	1979	2012	2045	32
菲律宾	Philippines	50478	51300	52117	4
波兰	Poland	19781	19763	19737	10
葡萄牙	Portugal	5482	5462	5441	20
罗马尼亚	Romania	10243	10194	10145	15
俄罗斯联邦	Russian Federation	77040	77066	77072	3
斯洛伐克	Slovakia	2796	2798	2799	28
斯洛文尼亚	Slovenia	1045	1047	1047	36
斯里兰卡	Sri Lanka	10735	10792	10843	14
土耳其	Turkey	39768	40378	40978	7
乌克兰	Ukraine	24021	23897	23777	9
越南	Viet Nam	47287	47780	48262	5

2.1.6 "一带一路"样本国家的 65 岁及以上人口

Population aged 65 and over in "the Belt and Road" sample countries

资料来源:联合国数据库

Source: UN Database

单位:千人(1000 persons)

国家与地区	Countries and Regions	2015	2016	2017	2017 年排名 Rank of 2017
世界	World	611697	633365	656549	

续表

国家与地区	Countries and Regions	2015	2016	2017	2017 年排名 Rank of 2017
亚美尼亚	Armenia	318	324	329	34
奥地利	Austria	1635	1658	1677	19
阿塞拜疆	Azerbaijan	552	569	591	29
孟加拉国	Bangladesh	8122	8274	8395	3
白俄罗斯	Belarus	1360	1381	1401	21
保加利亚	Bulgaria	1441	1460	1474	20
喀麦隆	Cameroon	722	742	761	27
智利	Chile	1851	1924	2002	16
中国	China	135179	142075	149992	1
哥斯达黎加	Costa Rica	428	446	464	31
捷克共和国	Czech Republic	1908	1967	2020	15
厄瓜多尔	Ecuador	1082	1129	1181	23
埃及	Egypt	4748	4890	5033	10
加纳	Ghana	934	956	976	25
希腊	Greece	2238	2258	2276	12
匈牙利	Hungary	1712	1757	1806	18
以色列	Israel	905	940	976	24
哈萨克斯坦	Kazakhstan	1199	1230	1273	22
韩国	Korea, Republic of	6560	6825	7094	5
立陶宛	Lithuania	548	548	549	30
马来西亚	Malaysia	1801	1895	1990	17
摩尔多瓦	Moldova, Republic of	404	419	440	32
蒙古国	Mongolia	116	119	124	36
新西兰	New Zealand	676	699	721	28
巴拿马	Panama	300	312	325	35
菲律宾	Philippines	4650	4843	5039	9
波兰	Poland	5974	6187	6398	8
葡萄牙	Portugal	2161	2191	2221	13
罗马尼亚	Romania	3379	3445	3513	11
俄罗斯联邦	Russian Federation	19409	19854	20415	2
斯洛伐克	Slovakia	765	792	821	26
斯洛文尼亚	Slovenia	374	385	396	33
斯里兰卡	Sri Lanka	1926	2017	2102	14
土耳其	Turkey	6107	6333	6583	7
乌克兰	Ukraine	7095	7182	7280	4
越南	Viet Nam	6311	6548	6831	6

2.1.7 "一带一路"样本国家的 15 岁以下人口

Population under 15 years of age in "the Belt and Road" sample countries

资料来源：联合国数据库
Source: UN Database
单位：千人（1000 persons）

国家与地区	Countries and Regions	2015	2016	2017	2017 年排名 Rank of 2017
世界	World	1930015	1943695	1956384	
亚美尼亚	Armenia	579	583	586	34
奥地利	Austria	1225	1228	1231	26
阿塞拜疆	Azerbaijan	2203	2253	2288	20
孟加拉国	Bangladesh	47428	47094	46717	2
白俄罗斯	Belarus	1531	1560	1585	23
保加利亚	Bulgaria	1005	1005	1009	29
喀麦隆	Cameroon	9827	10056	10277	9
智利	Chile	3701	3682	3668	17
中国	China	247073	248428	249158	1
哥斯达黎加	Costa Rica	1073	1066	1062	28
捷克共和国	Czech Republic	1604	1615	1632	21
厄瓜多尔	Ecuador	4685	4705	4728	16
埃及	Egypt	31075	32009	32652	4
加纳	Ghana	10701	10910	11107	8
希腊	Greece	1632	1604	1586	22
匈牙利	Hungary	1413	1400	1392	25
以色列	Israel	2247	2286	2319	19
哈萨克斯坦	Kazakhstan	4753	4929	5084	14
韩国	Korea , Republic of	7035	6933	6869	11
立陶宛	Lithuania	428	427	428	35
马来西亚	Malaysia	7670	7679	7689	10
摩尔多瓦	Moldova , Republic of	639	638	638	33
蒙古国	Mongolia	857	887	912	31
新西兰	New Zealand	922	924	930	30
巴拿马	Panama	1106	1115	1123	27
菲律宾	Philippines	32782	33026	33275	3
波兰	Poland	5695	5659	5656	13
葡萄牙	Portugal	1467	1438	1408	24
罗马尼亚	Romania	3064	3029	3004	18
俄罗斯联邦	Russian Federation	24220	24894	25350	5
斯洛伐克	Slovakia	831	833	837	32
斯洛文尼亚	Slovenia	305	308	311	36
斯里兰卡	Sri Lanka	5090	5051	5013	15
土耳其	Turkey	20025	20118	20152	7
乌克兰	Ukraine	6725	6769	6852	12
越南	Viet Nam	21609	21824	22032	6

2.1.8 "一带一路"样本国家的15岁到65岁之间人口

Population aged between 15 and 65 in "the Belt and Road"sample countries

资料来源:联合国数据库

Source: UN Database

单位:千人(1000 persons)

国家与地区	Countries and Regions	2015	2016	2017	2017 年排名 Rank of 2017
世界	World	4839218	4887806	4935213	
亚美尼亚	Armenia	2020	2019	2015	34
奥地利	Austria	5818	5826	5827	25
阿塞拜疆	Azerbaijan	6862	6903	6949	21
孟加拉国	Bangladesh	105651	107583	109558	2
白俄罗斯	Belarus	6595	6539	6482	24
保加利亚	Bulgaria	4731	4666	4602	27
喀麦隆	Cameroon	12285	12641	13015	15
智利	Chile	12211	12305	12385	16
中国	China	1014777	1012998	1010367	1
哥斯达黎加	Costa Rica	3307	3345	3379	29
捷克共和国	Czech Republic	7091	7029	6965	20
厄瓜多尔	Ecuador	10377	10551	10716	18
埃及	Egypt	57955	58790	59868	6
加纳	Ghana	15948	16341	16750	12
希腊	Greece	7348	7321	7297	19
匈牙利	Hungary	6659	6596	6524	23
以色列	Israel	4913	4966	5027	26
哈萨克斯坦	Kazakhstan	11798	11828	11848	17
韩国	Korea,Republic of	36999	37034	37019	8
立陶宛	Lithuania	1956	1933	1913	35
马来西亚	Malaysia	21252	21614	21945	11
摩尔多瓦	Moldova,Republic of	3022	3002	2973	31
蒙古国	Mongolia	2004	2021	2039	33
新西兰	New Zealand	3017	3038	3055	30
巴拿马	Panama	2563	2607	2652	32
菲律宾	Philippines	64284	65451	66604	5
波兰	Poland	26596	26378	26116	10
葡萄牙	Portugal	6791	6743	6700	22
罗马尼亚	Romania	13433	13305	13163	14
俄罗斯联邦	Russian Federation	100259	99217	98224	3
斯洛伐克	Slovakia	3843	3819	3789	28
斯洛文尼亚	Slovenia	1395	1385	1372	36
斯里兰卡	Sri Lanka	13697	13731	13762	13
土耳其	Turkey	52140	53062	54011	7
乌克兰	Ukraine	30838	30488	30092	9
越南	Viet Nam	65651	66198	66677	4

2.1.9 "一带一路"样本国家的人口增长率

Population growth rates in "the Belt and Road" sample countries

资料来源：联合国数据库

Source: UN Database

单位：%（percent）

国家与地区	Countries and Regions	2015	2016	2017	2017年增长水平 Growth level of 2017	Growth trend
世界	World	1.16	1.14	1.12	中 Middle	下降 Down
亚美尼亚	Armenia	0.38	0.27	0.19	低 Low	下降 Down
奥地利	Austria	0.53	0.39	0.27	低 Low	下降 Down
阿塞拜疆	Azerbaijan	1.19	1.12	1.05	中 Middle	下降 Down
孟加拉国	Bangladesh	1.13	1.09	1.05	中 Middle	下降 Down
白俄罗斯	Belarus	0.01	−0.06	−0.12	低 Low	下降 Down
保加利亚	Bulgaria	−0.62	−0.64	−0.66	低 Low	下降 Down
喀麦隆	Cameroon	2.67	2.65	2.62	高 High	下降 Down
智利	Chile	0.84	0.83	0.81	低 Low	下降 Down
中国	China	0.50	0.46	0.43	低 Low	下降 Down
哥斯达黎加	Costa Rica	1.05	1.03	1.00	低 Low	下降 Down
捷克共和国	Czech Republic	0.04	0.07	0.07	低 Low	上升 Up
厄瓜多尔	Ecuador	1.52	1.49	1.46	中 Middle	下降 Down
埃及	Egypt	2.14	2.04	1.95	中 Middle	下降 Down
加纳	Ghana	2.30	2.26	2.22	高 High	下降 Down
希腊	Greece	−0.42	−0.30	−0.21	低 Low	上升 Up
匈牙利	Hungary	−0.30	−0.31	−0.33	低 Low	下降 Down
以色列	Israel	1.56	1.58	1.58	中 Middle	上升 Up
哈萨克斯坦	Kazakhstan	1.50	1.34	1.21	中 Middle	下降 Down
韩国	Korea, Republic of	0.41	0.39	0.37	低 Low	下降 Down
立陶宛	Lithuania	−1.02	−0.81	−0.62	低 Low	上升 Up
马来西亚	Malaysia	1.64	1.51	1.40	中 Middle	下降 Down
摩尔多瓦	Moldova, Republic of	−0.10	−0.16	−0.21	低 Low	下降 Down
蒙古国	Mongolia	1.81	1.70	1.59	中 Middle	下降 Down
新西兰	New Zealand	1.04	1.00	0.97	低 Low	下降 Down
巴拿马	Panama	1.67	1.63	1.60	中 Middle	下降 Down
菲律宾	Philippines	1.61	1.58	1.55	中 Middle	下降 Down
波兰	Poland	−0.07	−0.11	−0.14	低 Low	下降 Down
葡萄牙	Portugal	−0.50	−0.45	−0.41	低 Low	上升 Up
罗马尼亚	Romania	−0.48	−0.50	−0.50	低 Low	下降 Down
俄罗斯联邦	Russian Federation	0.09	0.05	0.02	低 Low	下降 Down
斯洛伐克	Slovakia	0.12	0.09	0.06	低 Low	下降 Down
斯洛文尼亚	Slovenia	0.18	0.15	0.10	低 Low	下降 Down
斯里兰卡	Sri Lanka	0.44	0.41	0.38	低 Low	下降 Down
土耳其	Turkey	1.61	1.59	1.55	中 Middle	下降 Down
乌克兰	Ukraine	−0.50	−0.49	−0.49	低 Low	上升 Up
越南	Viet Nam	1.11	1.07	1.03	中 Middle	下降 Down

说明:人口增长率大于2%为高,小于1%为低,在1%与2%之间为中。

Explanation: Population growth rate greater than 2% is high, less than 1% is low, between 1% and 2% is medium.

2.1.10 "一带一路"样本国家的人口占世界人口比重

The proportion of the world's population in "the Belt and Road" sample countries

资料来源:联合国数据库

Source: UN Database

单位:%(percent)

国家与地区	Countries and Regions	2015	2016	2017	2017 年排名 Rank of 2017
世界	World	100.00	100.00	100.00	
亚美尼亚	Armenia	0.04	0.04	0.04	34
奥地利	Austria	0.12	0.12	0.12	25
阿塞拜疆	Azerbaijan	0.13	0.13	0.13	22
孟加拉国	Bangladesh	2.18	2.18	2.18	2
白俄罗斯	Belarus	0.13	0.13	0.13	24
保加利亚	Bulgaria	0.10	0.10	0.09	27
喀麦隆	Cameroon	0.31	0.31	0.32	13
智利	Chile	0.24	0.24	0.24	17
中国	China	18.93	18.80	18.67	1
哥斯达黎加	Costa Rica	0.07	0.07	0.06	29
捷克共和国	Czech Republic	0.14	0.14	0.14	20
厄瓜多尔	Ecuador	0.22	0.22	0.22	18
埃及	Egypt	1.27	1.28	1.29	5
加纳	Ghana	0.37	0.38	0.38	12
希腊	Greece	0.15	0.15	0.15	19
匈牙利	Hungary	0.13	0.13	0.13	23
以色列	Israel	0.11	0.11	0.11	26
哈萨克斯坦	Kazakhstan	0.24	0.24	0.24	16
韩国	Korea, Republic of	0.69	0.68	0.68	8
立陶宛	Lithuania	0.04	0.04	0.04	35
马来西亚	Malaysia	0.42	0.42	0.42	11
摩尔多瓦	Moldova, Republic of	0.06	0.05	0.05	32
蒙古国	Mongolia	0.04	0.04	0.04	33
新西兰	New Zealand	0.06	0.06	0.06	30
巴拿马	Panama	0.05	0.05	0.05	31
菲律宾	Philippines	1.38	1.38	1.39	4
波兰	Poland	0.52	0.51	0.51	10
葡萄牙	Portugal	0.14	0.14	0.14	21
罗马尼亚	Romania	0.27	0.26	0.26	15
俄罗斯联邦	Russian Federation	1.95	1.93	1.91	3
斯洛伐克	Slovakia	0.07	0.07	0.07	28

续表

国家与地区	Countries and Regions	2015	2016	2017	2017 年排名 Rank of 2017
斯洛文尼亚	Slovenia	0.03	0.03	0.03	36
斯里兰卡	Sri Lanka	0.28	0.28	0.28	14
土耳其	Turkey	1.06	1.07	1.07	7
乌克兰	Ukraine	0.61	0.60	0.59	9
越南	Viet Nam	1.27	1.27	1.27	6

2.2 "一带一路"样本国家的人口结构
Population structure of "the Belt and Road" sample countries

2.2.1 "一带一路"样本国家的人口城镇化率
Urbanization rate of "the Belt and Road" sample countries

资料来源：联合国数据库

Source: UN Database

单位：%（percent）

国家与地区	Countries and Regions	2015	2016	2017	2017 年城镇化水平 Urbanization level of 2017
世界	World	53.92	54.37	54.81	中 Middle
亚美尼亚	Armenia	62.67	62.56	62.47	中 Middle
奥地利	Austria	65.97	66.03	66.11	中 Middle
阿塞拜疆	Azerbaijan	54.62	54.90	55.18	中 Middle
孟加拉国	Bangladesh	34.28	35.04	35.79	低 Low
白俄罗斯	Belarus	76.67	77.05	77.42	高 High
保加利亚	Bulgaria	73.95	74.27	74.58	高 High
喀麦隆	Cameroon	54.38	54.94	55.49	中 Middle
智利	Chile	89.53	89.70	89.86	高 High
中国	China	55.61	56.78	57.90	中 Middle
哥斯达黎加	Costa Rica	76.82	77.68	78.48	高 High
捷克共和国	Czech Republic	72.99	72.98	72.98	高 High
厄瓜多尔	Ecuador	63.74	63.98	64.22	中 Middle
埃及	Egypt	43.14	43.22	43.33	中 Middle
加纳	Ghana	54.04	54.68	55.31	中 Middle
希腊	Greece	78.01	78.33	78.64	高 High
匈牙利	Hungary	71.23	71.67	72.11	高 High
以色列	Israel	92.14	92.20	92.27	高 High
哈萨克斯坦	Kazakhstan	53.25	53.23	53.24	中 Middle
韩国	Korea, Republic of	82.47	82.59	82.71	高 High
立陶宛	Lithuania	66.51	66.51	66.53	中 Middle
马来西亚	Malaysia	74.71	75.37	76.01	高 High
摩尔多瓦	Moldova, Republic of	45.00	45.09	45.21	中 Middle
蒙古国	Mongolia	72.04	72.82	73.57	高 High
新西兰	New Zealand	86.28	86.32	86.36	高 High
巴拿马	Panama	66.59	66.90	67.20	中 Middle

续表

国家与地区	Countries and Regions	2015	2016	2017	2017 年城镇化水平 Urbanization level 0f 2017
菲律宾	Philippines	44.37	44.29	44.24	中 Middle
波兰	Poland	60.54	60.53	60.54	中 Middle
葡萄牙	Portugal	63.47	64.02	64.56	中 Middle
罗马尼亚	Romania	54.56	54.75	54.95	中 Middle
俄罗斯联邦	Russian Federation	74.01	74.10	74.20	高 High
斯洛伐克	Slovakia	53.60	53.47	53.37	中 Middle
斯洛文尼亚	Slovenia	49.65	49.63	49.63	中 Middle
斯里兰卡	Sri Lanka	18.36	18.41	18.47	低 Low
土耳其	Turkey	73.40	73.89	74.36	高 High
乌克兰	Ukraine	69.70	69.91	70.14	高 High
越南	Viet Nam	33.59	34.24	34.88	低 Low

说明:城镇化率 = 城镇人口 / 总人口。城镇化率大于 70% 为高,低于 40% 为低,在 70% 与 40% 之间为中。

Explanation: The urbanization rate = urban population/total population. That if the urbanization rate is more than 70% considered is high; if it is less than 40 % considered is low; and if it is between 70% and 40% considered is medium.

2.2.2 "一带一路"样本国家的人口性别比
Population sex ratio of "the Belt and Road" sample countries

资料来源:联合国数据库
Source: UN Database

单位:人(person)

国家与地区	Countries and Regions	2015	2016	2017	2017 年排名 Rank of 2017
世界	World	1.02	1.02	1.02	4
亚美尼亚	Armenia	0.89	0.89	0.89	33
奥地利	Austria	0.96	0.96	0.96	23
阿塞拜疆	Azerbaijan	0.99	0.99	0.99	13
孟加拉国	Bangladesh	1.02	1.02	1.02	5
白俄罗斯	Belarus	0.87	0.87	0.87	34
保加利亚	Bulgaria	0.95	0.95	0.95	25
喀麦隆	Cameroon	1.00	1.00	1.00	8
智利	Chile	0.98	0.98	0.98	16
中国	China	1.06	1.06	1.06	2
哥斯达黎加	Costa Rica	1.00	1.00	1.00	10
捷克共和国	Czech Republic	0.97	0.97	0.97	22
厄瓜多尔	Ecuador	1.00	1.00	1.00	11
埃及	Egypt	1.02	1.02	1.02	3
加纳	Ghana	0.99	0.99	0.99	12
希腊	Greece	0.97	0.97	0.97	20
匈牙利	Hungary	0.91	0.91	0.91	31
以色列	Israel	0.98	0.99	0.99	14
哈萨克斯坦	Kazakhstan	0.94	0.94	0.94	27
韩国	Korea, Republic of	1.00	1.00	1.00	9

国家与地区	Countries and Regions	2015	2016	2017	2017 年排名 Rank of 2017
立陶宛	Lithuania	0.85	0.85	0.85	37
马来西亚	Malaysia	1.07	1.07	1.07	1
摩尔多瓦	Moldova, Republic of	0.92	0.92	0.92	30
蒙古国	Mongolia	0.98	0.98	0.98	18
新西兰	New Zealand	0.97	0.97	0.97	21
巴拿马	Panama	1.01	1.00	1.00	7
菲律宾	Philippines	1.02	1.01	1.01	6
波兰	Poland	0.93	0.93	0.93	28
葡萄牙	Portugal	0.90	0.90	0.90	32
罗马尼亚	Romania	0.94	0.94	0.94	26
俄罗斯联邦	Russian Federation	0.87	0.87	0.87	35
斯洛伐克	Slovakia	0.95	0.95	0.95	24
斯洛文尼亚	Slovenia	0.98	0.99	0.99	15
斯里兰卡	Sri Lanka	0.93	0.93	0.93	29
土耳其	Turkey	0.97	0.97	0.97	19
乌克兰	Ukraine	0.86	0.86	0.86	36
越南	Viet Nam	0.98	0.98	0.98	17

说明:人口性别比 = 男性人口 / 女性人口。如果一个国家的人口性别比大于 1,表明该国的男性人口多余女性;如果一个国家的人口性别比小于 1,表明该国的男性人口少于女性;如果一个国家的人口性别比等于 1,表明该国的男女人口相等。

Explanation: Population sex ratio = male/female population. If a country has a sex ratio of more than 1, there are more men than women. If a country has a sex ratio of less than 1, it means that there are fewer men than women. If a country has a sex ratio of 1, it means that it has the same number of men and women.

2.2.3 "一带一路"样本国家的人口老龄化率

The rate of population ageing in "the Belt and Road" sample countries

资料来源:联合国数据库

Source: UN Database

单位:%(percent)

国家与地区	Countries and Regions	2015	2016	2017	2017 年老龄化水平 Aging level of 2017
世界	World	8.29	8.48	8.70	低 Low
亚美尼亚	Armenia	10.91	11.06	11.23	中 Middle
奥地利	Austria	18.84	19.03	19.20	中 Middle
阿塞拜疆	Azerbaijan	5.74	5.85	6.02	低 Low
孟加拉国	Bangladesh	5.04	5.08	5.10	低 Low
白俄罗斯	Belarus	14.34	14.56	14.80	中 Middle
保加利亚	Bulgaria	20.08	20.47	20.80	高 High
喀麦隆	Cameroon	3.16	3.16	3.17	低 Low
智利	Chile	10.42	10.74	11.09	中 Middle
中国	China	9.68	10.12	10.64	中 Middle

国家与地区	Countries and Regions	2015	2016	2017	2017 年老龄化水平 Aging level of 2017
哥斯达黎加	Costa Rica	8.90	9.19	9.47	低 Low
捷克共和国	Czech Republic	17.99	18.53	19.03	中 Middle
厄瓜多尔	Ecuador	6.70	6.89	7.10	低 Low
埃及	Egypt	5.06	5.11	5.16	低 Low
加纳	Ghana	3.39	3.39	3.38	低 Low
希腊	Greece	19.95	20.19	20.40	高 High
匈牙利	Hungary	17.50	18.01	18.58	中 Middle
以色列	Israel	11.22	11.47	11.73	中 Middle
哈萨克斯坦	Kazakhstan	6.75	6.84	6.99	低 Low
韩国	Korea,Republic of	12.97	13.44	13.91	中 Middle
立陶宛	Lithuania	18.69	18.84	19.00	中 Middle
马来西亚	Malaysia	5.86	6.08	6.29	低 Low
摩尔多瓦	Moldova,Republic of	9.94	10.33	10.86	中 Middle
蒙古国	Mongolia	3.88	3.95	4.03	低 Low
新西兰	New Zealand	14.65	15.00	15.32	中 Middle
巴拿马	Panama	7.56	7.73	7.92	低 Low
菲律宾	Philippines	4.57	4.69	4.80	低 Low
波兰	Poland	15.61	16.19	16.76	中 Middle
葡萄牙	Portugal	20.74	21.12	21.50	高 High
罗马尼亚	Romania	17.00	17.42	17.85	中 Middle
俄罗斯联邦	Russian Federation	13.49	13.79	14.18	中 Middle
斯洛伐克	Slovakia	14.06	14.55	15.07	中 Middle
斯洛文尼亚	Slovenia	18.03	18.51	19.06	中 Middle
斯里兰卡	Sri Lanka	9.30	9.70	10.07	中 Middle
土耳其	Turkey	7.80	7.96	8.15	低 Low
乌克兰	Ukraine	15.89	16.16	16.46	中 Middle
越南	Viet Nam	6.74	6.92	7.15	低 Low

说明：老龄化率 =65 岁以上人口 / 总人口，老龄化率大于 20% 为高，低于 10% 为低，处于 20% 与 10% 之间为中。

Explanation: The aging rate = the population over 65 years old/the total population, the aging rate is more than 20% considered is high, it is less than 10% considered is low, and it is between 20% and 10% considered is medium.

2.2.4 "一带一路"样本国家的人口赡养比
"The Belt and Road" sample countries' dependency ratio

资料来源：联合国数据库

Source: UN Database

单位：人（person）

国家与地区	Countries and Regions	2015	2016	2017	2017 年赡养比水平 Dependency ratio level of 2017
世界	World	0.5252	0.5272	0.5294	中 Middle
亚美尼亚	Armenia	0.4441	0.4490	0.4543	中 Middle
奥地利	Austria	0.4917	0.4953	0.4991	中 Middle
阿塞拜疆	Azerbaijan	0.4015	0.4088	0.4143	中 Middle
孟加拉国	Bangladesh	0.5258	0.5147	0.5030	中 Middle
白俄罗斯	Belarus	0.4383	0.4497	0.4607	中 Middle
保加利亚	Bulgaria	0.5171	0.5283	0.5394	中 Middle
喀麦隆	Cameroon	0.8587	0.8542	0.8481	高 High
智利	Chile	0.4547	0.4555	0.4578	中 Middle
中国	China	0.3767	0.3855	0.3951	低 Low
哥斯达黎加	Costa Rica	0.4537	0.4520	0.4517	中 Middle
捷克共和国	Czech Republic	0.4953	0.5095	0.5244	中 Middle
厄瓜多尔	Ecuador	0.5558	0.5530	0.5514	中 Middle
埃及	Egypt	0.6181	0.6276	0.6295	高 High
加纳	Ghana	0.7296	0.7261	0.7214	高 High
希腊	Greece	0.5266	0.5276	0.5293	中 Middle
匈牙利	Hungary	0.4692	0.4786	0.4902	中 Middle
以色列	Israel	0.6416	0.6495	0.6555	高 High
哈萨克斯坦	Kazakhstan	0.5044	0.5207	0.5366	中 Middle
韩国	Korea, Republic of	0.3674	0.3715	0.3772	低 Low
立陶宛	Lithuania	0.4988	0.5046	0.5112	中 Middle
马来西亚	Malaysia	0.4456	0.4430	0.4410	中 Middle
摩尔多瓦	Moldova, Republic of	0.3453	0.3521	0.3625	低 Low
蒙古国	Mongolia	0.4851	0.4982	0.5083	中 Middle
新西兰	New Zealand	0.5295	0.5342	0.5405	中 Middle
巴拿马	Panama	0.5484	0.5472	0.5457	中 Middle
菲律宾	Philippines	0.5823	0.5786	0.5753	中 Middle
波兰	Poland	0.4388	0.4491	0.4616	中 Middle
葡萄牙	Portugal	0.5341	0.5381	0.5417	中 Middle
罗马尼亚	Romania	0.4796	0.4865	0.4951	中 Middle
俄罗斯联邦	Russian Federation	0.4352	0.4510	0.4659	中 Middle
斯洛伐克	Slovakia	0.4152	0.4254	0.4376	中 Middle
斯洛文尼亚	Slovenia	0.4869	0.5000	0.5157	中 Middle
斯里兰卡	Sri Lanka	0.5123	0.5147	0.5170	中 Middle
土耳其	Turkey	0.5012	0.4985	0.4950	中 Middle

续表

国家与地区	Countries and Regions	2015	2016	2017	2017 年赡养比水平 Dependency ratio level of 2017
乌克兰	Ukraine	0.4482	0.4576	0.4696	中 Middle
越南	Viet Nam	0.4253	0.4286	0.4329	中 Middle

说明:人口赡养比(负担系数)=(15 岁以下人口 +65 岁以上人口)/15 岁到 65 岁之间的人口,赡养比大于 0.6 为高,低于 0.4 为低,处于 0.4 与 0.6 之间为中(包括等于 0.4 或等于 0.6)。

人口赡养比为负向指标,数值越低越好。

Explanation: Population support ratio （dependency ratio)= (population under 15 years old + population over 65 years old)/population between 15 and 65 years old, the support ratio is considered high if it is more than 0.6, low if it is less than 0.4, and middle if it is between0.4 and 0.6(Including equal to 0.4 or equal to 0.6).

Population support ratio is a negative indicator, the lower the value, the better.

2.3 "一带一路"样本国家的劳动力数量
The size of the labour force in "the Belt and Road"sample countries

2.3.1 "一带一路"样本国家的劳动力总数量
The total number of labour force in "the Belt and Road" sample countries

资料来源:国际劳工组织数据库

Source: ILO Database

单位:千人(1000 persons)

国家与地区	Countries and Regions	2015	2016	2017	2017 年排名 Rank of 2017
世界	World	3387587	3430241	3464926	
亚美尼亚	Armenia	1398	1403	1410	34
奥地利	Austria	4479	4522	4528	25
阿塞拜疆	Azerbaijan	4857	4950	4984	23
孟加拉国	Bangladesh	64316	65384	66643	3
白俄罗斯	Belarus	5112	5089	5046	22
保加利亚	Bulgaria	3344	3275	3247	27
喀麦隆	Cameroon	9911	10196	10500	13
智利	Chile	8755	8842	8963	15
中国	China	801891	801226	799857	1
哥斯达黎加	Costa Rica	2322	2253	2289	30
捷克共和国	Czech Republic	5365	5410	5385	19
厄瓜多尔	Ecuador	7628	8002	8120	18
埃及	Egypt	30078	30469	31149	7
加纳	Ghana	12951	13273	13637	12
希腊	Greece	5089	5092	5061	21
匈牙利	Hungary	4588	4657	4628	24
以色列	Israel	3731	3793	3851	26
哈萨克斯坦	Kazakhstan	9217	9272	9316	14
韩国	Korea , Republic of	27207	27474	27628	8
立陶宛	Lithuania	1484	1502	1491	32

续表

国家与地区	Countries and Regions	2015	2016	2017	2017 年排名 Rank of 2017
马来西亚	Malaysia	14828	15121	15441	11
摩尔多瓦	Moldova, Republic of	1511	1464	1449	33
蒙古国	Mongolia	1279	1269	1284	35
新西兰	New Zealand	2523	2590	2613	29
巴拿马	Panama	1904	1953	1992	31
菲律宾	Philippines	42982	43754	44644	5
波兰	Poland	18461	18517	18397	10
葡萄牙	Portugal	5249	5231	5192	20
罗马尼亚	Romania	9132	8974	8875	16
俄罗斯联邦	Russian Federation	76178	76003	75374	2
斯洛伐克	Slovakia	2746	2769	2757	28
斯洛文尼亚	Slovenia	1015	1003	995	36
斯里兰卡	Sri Lanka	8417	8466	8494	17
土耳其	Turkey	29710	30749	31275	6
乌克兰	Ukraine	20700	20509	20257	9
越南	Viet Nam	56489	56888	57496	4

说明:劳动力是指 15 岁以上从事经济活动的人口,包括就业人员与失业人员。

Explanation: The labor force refers to the population engaged in economic activities over the age of 15, including the employed and the unemployed.

2.3.2 "一带一路"样本国家的男性劳动力数量
The male labour force in "the Belt and Road" sample countries

资料来源:国际劳工组织数据库

Source: ILO Database

单位:千人(1000 persons)

国家与地区	Countries and Regions	2015	2016	2017	2017 年排名 Rank of 2017
世界	World	2056266	2079735	2102984	
亚美尼亚	Armenia	745	749	752	32
奥地利	Austria	2389	2409	2410	25
阿塞拜疆	Azerbaijan	2476	2534	2551	22
孟加拉国	Bangladesh	45959	46402	47223	2
白俄罗斯	Belarus	2574	2560	2537	23
保加利亚	Bulgaria	1788	1758	1742	27
喀麦隆	Cameroon	5262	5410	5569	13
智利	Chile	5172	5200	5265	15
中国	China	450439	450532	450697	1
哥斯达黎加	Costa Rica	1405	1394	1412	29
捷克共和国	Czech Republic	2993	3010	2993	19
厄瓜多尔	Ecuador	4609	4713	4792	18
埃及	Egypt	23122	23462	23963	6
加纳	Ghana	6527	6691	6883	12

国家与地区	Countries and Regions	2015	2016	2017	2017 年排名 Rank of 2017
希腊	Greece	2860	2853	2833	20
匈牙利	Hungary	2487	2530	2510	24
以色列	Israel	1978	2004	2035	26
哈萨克斯坦	Kazakhstan	4741	4772	4795	17
韩国	Korea, Republic of	15845	15963	16057	8
立陶宛	Lithuania	735	742	736	34
马来西亚	Malaysia	9231	9378	9565	11
摩尔多瓦	Moldova, Republic of	767	744	740	33
蒙古国	Mongolia	699	694	702	35
新西兰	New Zealand	1331	1363	1375	30
巴拿马	Panama	1159	1180	1202	31
菲律宾	Philippines	25916	26345	26831	5
波兰	Poland	10127	10179	10112	10
葡萄牙	Portugal	2685	2680	2657	21
罗马尼亚	Romania	5177	5095	5046	16
俄罗斯联邦	Russian Federation	39154	39048	38716	3
斯洛伐克	Slovakia	1504	1510	1503	28
斯洛文尼亚	Slovenia	548	536	532	36
斯里兰卡	Sri Lanka	5551	5549	5564	14
土耳其	Turkey	20277	20823	21201	7
乌克兰	Ukraine	10873	10778	10656	9
越南	Viet Nam	29373	29541	29845	4

2.3.3 "一带一路"样本国家的女性劳动力数量

The female labour force in "the Belt and Road" sample countries

资料来源:国际劳工组织数据库

Source: ILO Database

单位:千人(1000 persons)

国家与地区	Countries and Regions	2015	2016	2017	2017 年排名 Rank of 2017
世界	World	1331320	1350506	1361942	
亚美尼亚	Armenia	653	654	658	34
奥地利	Austria	2091	2113	2118	25
阿塞拜疆	Azerbaijan	2381	2416	2434	21
孟加拉国	Bangladesh	18357	18982	19420	4
白俄罗斯	Belarus	2538	2529	2508	20
保加利亚	Bulgaria	1556	1517	1505	27
喀麦隆	Cameroon	4649	4786	4930	13
智利	Chile	3583	3642	3698	16
中国	China	351452	350693	349160	1
哥斯达黎加	Costa Rica	917	859	876	30
捷克共和国	Czech Republic	2372	2400	2392	22

续表

国家与地区	Countries and Regions	2015	2016	2017	2017 年排名 Rank of 2017
厄瓜多尔	Ecuador	3018	3289	3328	17
埃及	Egypt	6955	7007	7186	10
加纳	Ghana	6424	6582	6754	11
希腊	Greece	2229	2239	2228	23
匈牙利	Hungary	2101	2127	2118	24
以色列	Israel	1753	1790	1816	26
哈萨克斯坦	Kazakhstan	4477	4500	4521	14
韩国	Korea,Republic of	11362	11511	11571	6
立陶宛	Lithuania	749	760	755	32
马来西亚	Malaysia	5596	5743	5876	12
摩尔多瓦	Moldova,Republic of	744	720	709	33
蒙古国	Mongolia	580	574	582	35
新西兰	New Zealand	1192	1227	1238	29
巴拿马	Panama	745	774	789	31
菲律宾	Philippines	17066	17409	17812	5
波兰	Poland	8334	8338	8286	9
葡萄牙	Portugal	2564	2551	2535	19
罗马尼亚	Romania	3956	3879	3830	15
俄罗斯联邦	Russian Federation	37024	36955	36658	2
斯洛伐克	Slovakia	1243	1259	1254	28
斯洛文尼亚	Slovenia	467	467	463	36
斯里兰卡	Sri Lanka	2866	2916	2930	18
土耳其	Turkey	9433	9926	10075	7
乌克兰	Ukraine	9827	9731	9600	8
越南	Viet Nam	27117	27348	27651	3

2.3.4 "一带一路"样本国家的 15 岁以上非劳动力数量

The number of non-labour over the age of 15 in "the Belt and Road" sample countries

资料来源:国际劳工组织数据库

Source: ILO Database

单位:千人(1000 persons)

国家与地区	Countries and Regions	2015	2016	2017	2017 年排名 Rank of 2017
世界	World	2063328	2090931	2126836	
亚美尼亚	Armenia	940	939	934	34
奥地利	Austria	2974	2962	2977	23
阿塞拜疆	Azerbaijan	2557	2522	2556	26
孟加拉国	Bangladesh	49457	50473	51310	2
白俄罗斯	Belarus	2843	2832	2837	24
保加利亚	Bulgaria	2828	2852	2829	25
喀麦隆	Cameroon	3097	3187	3277	22
智利	Chile	5306	5387	5423	14

国家与地区	Countries and Regions	2015	2016	2017	2017 年排名 Rank of 2017
中国	China	348065	353847	360503	1
哥斯达黎加	Costa Rica	1413	1539	1555	30
捷克共和国	Czech Republic	3634	3586	3601	21
厄瓜多尔	Ecuador	3832	3677	3777	18
埃及	Egypt	32625	33211	33752	4
加纳	Ghana	3931	4024	4089	16
希腊	Greece	4497	4487	4512	15
匈牙利	Hungary	3783	3696	3701	20
以色列	Israel	2087	2113	2152	27
哈萨克斯坦	Kazakhstan	3780	3787	3804	17
韩国	Korea, Republic of	16352	16385	16485	8
立陶宛	Lithuania	1020	979	971	33
马来西亚	Malaysia	8226	8387	8494	11
摩尔多瓦	Moldova, Republic of	1915	1957	1965	28
蒙古国	Mongolia	841	871	880	35
新西兰	New Zealand	1169	1147	1162	31
巴拿马	Panama	959	966	984	32
菲律宾	Philippines	25952	26540	26999	6
波兰	Poland	14109	14049	14117	10
葡萄牙	Portugal	3703	3703	3729	19
罗马尼亚	Romania	7680	7776	7800	12
俄罗斯联邦	Russian Federation	43490	43067	43266	3
斯洛伐克	Slovakia	1862	1842	1854	29
斯洛文尼亚	Slovenia	754	767	774	36
斯里兰卡	Sri Lanka	7206	7282	7370	13
土耳其	Turkey	28537	28645	29318	5
乌克兰	Ukraine	17233	17161	17115	7
越南	Viet Nam	15473	15857	16013	9

2.4 "一带一路"样本国家的劳动力结构
Labor force structure in "the Belt and Road" sample countries

2.4.1 "一带一路"样本国家的劳动力中位年龄
The median age of the labour force in "the Belt and Road" sample countries

资料来源:国际劳工组织数据库

Source: ILO Database

单位:岁(year)

国家与地区	Countries and Regions	2015	2016	2017	2017 年排名 Rank of 2017
世界	World	38.4	38.5	38.6	24
亚美尼亚	Armenia	41.0	40.9	41.0	17

续表

国家与地区	Countries and Regions	2015	2016	2017	2017 年排名 Rank of 2017
奥地利	Austria	41.4	41.5	41.6	12
阿塞拜疆	Azerbaijan	38.8	38.5	38.7	23
孟加拉国	Bangladesh	35.7	36.0	36.2	33
白俄罗斯	Belarus	39.8	39.8	39.9	21
保加利亚	Bulgaria	42.9	43.2	43.3	4
喀麦隆	Cameroon	32.9	33.0	33.1	37
智利	Chile	40.9	41.1	41.2	16
中国	China	40.8	41.0	41.2	14
哥斯达黎加	Costa Rica	37.4	37.4	37.6	29
捷克共和国	Czech Republic	42.0	42.4	42.7	5
厄瓜多尔	Ecuador	37.6	37.7	37.9	26
埃及	Egypt	34.9	35.1	35.4	34
加纳	Ghana	34.6	34.7	34.8	36
希腊	Greece	41.6	42.1	42.3	7
匈牙利	Hungary	41.5	41.9	42.1	8
以色列	Israel	38.9	39.2	39.3	22
哈萨克斯坦	Kazakhstan	37.4	37.5	37.7	28
韩国	Korea，Republic of	44.7	45.0	45.4	1
立陶宛	Lithuania	43.2	43.5	43.6	2
马来西亚	Malaysia	34.9	34.9	35.1	35
摩尔多瓦	Moldova，Republic of	41.6	41.7	41.5	13
蒙古国	Mongolia	36.2	36.4	36.6	31
新西兰	New Zealand	42.2	42.4	42.5	6
巴拿马	Panama	38.0	38.3	38.5	25
菲律宾	Philippines	36.9	37.0	37.1	30
波兰	Poland	39.8	39.9	40.1	19
葡萄牙	Portugal	42.9	43.2	43.4	3
罗马尼亚	Romania	41.3	41.8	42.0	9
俄罗斯联邦	Russian Federation	40.5	40.5	40.7	18
斯洛伐克	Slovakia	40.8	40.9	41.2	15
斯洛文尼亚	Slovenia	41.2	41.4	41.6	11
斯里兰卡	Sri Lanka	40.9	41.6	41.9	10
土耳其	Turkey	35.8	36.1	36.3	32
乌克兰	Ukraine	39.7	39.8	40.0	20
越南	Viet Nam	37.2	37.5	37.8	27

2.4.2 "一带一路"样本国家的劳动力参与率
Labour force participation rates in "the Belt and Road" sample countries

资料来源：国际劳工组织数据库

Source: ILO Database

单位：%（percent）

国家与地区	Countries and Regions	2015	2016	2017	2017 年劳动参与水平 Participation level of 2017	劳动参与趋势 Participation trend
世界	World	62.15	62.13	61.96	中 Middle	下降 Down
亚美尼亚	Armenia	59.80	59.90	60.14	中 Middle	上升 Up
奥地利	Austria	60.10	60.43	60.33	中 Middle	波动 Fluctuate
阿塞拜疆	Azerbaijan	65.51	66.25	66.11	高 High	波动 Fluctuate
孟加拉国	Bangladesh	56.53	56.44	56.50	中 Middle	波动 Fluctuate
白俄罗斯	Belarus	64.26	64.25	64.01	中 Middle	下降 Down
保加利亚	Bulgaria	54.18	53.45	53.44	中 Middle	下降 Down
喀麦隆	Cameroon	76.19	76.19	76.21	高 High	波动 Fluctuate
智利	Chile	62.27	62.14	62.30	中 Middle	波动 Fluctuate
中国	China	69.73	69.37	68.93	高 High	下降 Down
哥斯达黎加	Costa Rica	62.17	59.42	59.54	中 Middle	波动 Fluctuate
捷克共和国	Czech Republic	59.62	60.14	59.93	中 Middle	波动 Fluctuate
厄瓜多尔	Ecuador	66.56	68.51	68.25	高 High	波动 Fluctuate
埃及	Egypt	47.97	47.85	47.99	低 Low	波动 Fluctuate
加纳	Ghana	76.72	76.73	76.93	高 High	上升 Up
希腊	Greece	53.09	53.16	52.87	中 Middle	波动 Fluctuate
匈牙利	Hungary	54.81	55.75	55.56	中 Middle	波动 Fluctuate
以色列	Israel	64.13	64.23	64.15	中 Middle	波动 Fluctuate
哈萨克斯坦	Kazakhstan	70.92	71.00	71.00	高 High	上升 Up
韩国	Korea, Republic of	62.46	62.64	62.63	中 Middle	波动 Fluctuate
立陶宛	Lithuania	59.26	60.53	60.55	中 Middle	上升 Up
马来西亚	Malaysia	64.32	64.32	64.51	中 Middle	上升 Up
摩尔多瓦	Moldova, Republic of	44.10	42.80	42.45	低 Low	下降 Down
蒙古国	Mongolia	60.34	59.28	59.34	中 Middle	波动 Fluctuate
新西兰	New Zealand	68.33	69.31	69.21	高 High	波动 Fluctuate
巴拿马	Panama	66.50	66.91	66.92	高 High	上升 Up
菲律宾	Philippines	62.35	62.24	62.31	中 Middle	波动 Fluctuate
波兰	Poland	56.68	56.86	56.58	中 Middle	波动 Fluctuate
葡萄牙	Portugal	58.63	58.55	58.20	中 Middle	下降 Down
罗马尼亚	Romania	54.32	53.58	53.22	中 Middle	下降 Down
俄罗斯联邦	Russian Federation	63.66	63.83	63.53	中 Middle	波动 Fluctuate
斯洛伐克	Slovakia	59.60	60.05	59.79	中 Middle	波动 Fluctuate
斯洛文尼亚	Slovenia	57.37	56.68	56.26	中 Middle	下降 Down
斯里兰卡	Sri Lanka	53.87	53.76	53.54	中 Middle	下降 Down
土耳其	Turkey	51.01	51.77	51.62	中 Middle	波动 Fluctuate

续表

国家与地区	Countries and Regions	2015	2016	2017	2017 年劳动参与水平 Participation level 0f 2017	劳动参与趋势 Participation trend
乌克兰	Ukraine	54.57	54.44	54.20	中 Middle	下降 Down
越南	Viet Nam	78.50	78.20	78.22	高 High	波动 Fluctuate

说明:劳动力参与率＝劳动力人口(经济活动人口)/15 岁以上人口。劳动力参与率大于 65% 为高,低于 50% 为低,处于 65% 到 50% 之间为中(包括等于 65% 或等于 50%)。

Explanation: Labor force participation rate = labor force population （economically active population)/population over 15 years old. The labor force participation rate is more than 65% considered is high, it is less than 50% considered is low, and it is between 65% and 50% considered is medium(Including equal to 65% or equal to 50%).

2.4.3 "一带一路"样本国家的劳动力赡养比
Dependency ratio of labour force in "the Belt and Road" sample countries

资料来源:国际劳工组织数据库

Source: ILO Database

单位:人(person)

国家与地区	Countries and Regions	2015	2016	2017	2017 年劳动力赡养比水平 Labour dependency ratio level of 2017	劳动力赡养比趋势 Labour dependency ratio trend
世界	World	1.30	1.30	1.30	中 Middle	波动 Fluctuate
亚美尼亚	Armenia	1.55	1.53	1.53	高 High	下降 Down
奥地利	Austria	1.05	1.05	1.04	中 Middle	下降 Down
阿塞拜疆	Azerbaijan	1.08	1.07	1.08	中 Middle	波动 Fluctuate
孟加拉国	Bangladesh	1.62	1.61	1.59	高 High	下降 Down
白俄罗斯	Belarus	0.92	0.93	0.94	低 Low	上升 Up
保加利亚	Bulgaria	1.36	1.36	1.33	高 High	下降 Down
喀麦隆	Cameroon	1.40	1.39	1.38	高 High	下降 Down
智利	Chile	1.17	1.17	1.16	中 Middle	波动 Fluctuate
中国	China	0.83	0.84	0.85	低 Low	上升 Up
哥斯达黎加	Costa Rica	1.28	1.36	1.33	高 High	波动 Fluctuate
捷克共和国	Czech Republic	1.08	1.04	1.03	中 Middle	下降 Down
厄瓜多尔	Ecuador	1.20	1.15	1.13	中 Middle	下降 Down
埃及	Egypt	2.59	2.59	2.56	高 High	下降 Down
加纳	Ghana	1.22	1.21	1.20	中 Middle	下降 Down
希腊	Greece	1.94	1.87	1.81	高 High	下降 Down
匈牙利	Hungary	1.29	1.21	1.19	中 Middle	下降 Down
以色列	Israel	1.28	1.27	1.26	中 Middle	下降 Down
哈萨克斯坦	Kazakhstan	1.03	1.04	1.05	中 Middle	上升 Up
韩国	Korea , Republic of	0.93	0.92	0.92	低 Low	下降 Down
立陶宛	Lithuania	1.17	1.10	1.09	中 Middle	下降 Down
马来西亚	Malaysia	1.14	1.14	1.12	中 Middle	下降 Down
摩尔多瓦	Moldova , Republic of	1.79	1.89	1.92	高 High	上升 Up
蒙古国	Mongolia	1.45	1.57	1.57	高 High	波动 Fluctuate
新西兰	New Zealand	0.93	0.90	0.89	低 Low	下降 Down

续表

国家与地区	Countries and Regions	2015	2016	2017	2017 年劳动力赡养比水平 Labour dependency ratio level 0f 2017	劳动力赡养比趋势 Labour dependency ratio trend
巴拿马	Panama	1.17	1.15	1.15	中 Middle	波动 Fluctuate
菲律宾	Philippines	1.44	1.43	1.41	高 High	下降 Down
波兰	Poland	1.24	1.20	1.18	中 Middle	下降 Down
葡萄牙	Portugal	1.27	1.23	1.18	中 Middle	下降 Down
罗马尼亚	Romania	1.34	1.34	1.33	高 High	波动 Fluctuate
俄罗斯联邦	Russian Federation	1.00	1.00	1.01	中 Middle	上升 Up
斯洛伐克	Slovakia	1.24	1.18	1.15	中 Middle	下降 Down
斯洛文尼亚	Slovenia	1.24	1.25	1.24	中 Middle	波动 Fluctuate
斯里兰卡	Sri Lanka	1.58	1.57	1.56	高 High	下降 Down
土耳其	Turkey	1.94	1.90	1.91	高 High	波动 Fluctuate
乌克兰	Ukraine	1.37	1.39	1.41	高 High	上升 Up
越南	Viet Nam	0.69	0.70	0.69	低 Low	波动 Fluctuate

说明:劳动力赡养比 =(15 岁以下人口 +15 岁以上非劳动力人口 + 失业人口)/ 就业人口。劳动力赡养比大于 1.3 为高,低于 1 为低,处于 1.3 与 1 之间为中(包括等于 1.3 或等于 1)。

劳动力赡养比为负向指标,数值越低越好。

Explanation: Labor support ratio(Labour dependency ratio)= (population under the age of 15 + non-labor population over the age of 15 + unemployed population)/employed population. Labor support ratio is more than 1.3 considered is high, it is less than 1 considered is low, and it is between 1.3 and 1 considered is medium(Including equal to 1.3 or equal to 1).

The ratio of labor support is a negative indicator, and the lower the value, the better.

2.4.4 "一带一路"样本国家的劳动力性别比

Sex ratio of labour force in "the Belt and Road" sample countries

资料来源:联合国数据库

Source: UN Database

单位:%(percent)

国家与地区	Countries and Regions	2015	2016	2017	2017 年排名 Rank of 2017
世界	World	1.54	1.54	1.54	7
亚美尼亚	Armenia	1.14	1.14	1.14	23
奥地利	Austria	1.14	1.14	1.14	24
阿塞拜疆	Azerbaijan	1.04	1.05	1.05	33
孟加拉国	Bangladesh	2.50	2.44	2.43	2
白俄罗斯	Belarus	1.01	1.01	1.01	36
保加利亚	Bulgaria	1.15	1.16	1.16	21
喀麦隆	Cameroon	1.13	1.13	1.13	25
智利	Chile	1.44	1.43	1.42	11
中国	China	1.28	1.28	1.29	14
哥斯达黎加	Costa Rica	1.53	1.62	1.61	6
捷克共和国	Czech Republic	1.26	1.25	1.25	16
厄瓜多尔	Ecuador	1.53	1.43	1.44	10

续表

国家与地区	Countries and Regions	2015	2016	2017	2017 年排名 Rank of 2017
埃及	Egypt	3.32	3.35	3.33	1
加纳	Ghana	1.02	1.02	1.02	35
希腊	Greece	1.28	1.27	1.27	15
匈牙利	Hungary	1.18	1.19	1.19	20
以色列	Israel	1.13	1.12	1.12	26
哈萨克斯坦	Kazakhstan	1.06	1.06	1.06	30
韩国	Korea, Republic of	1.39	1.39	1.39	12
立陶宛	Lithuania	0.98	0.98	0.98	37
马来西亚	Malaysia	1.65	1.63	1.63	5
摩尔多瓦	Moldova, Republic of	1.03	1.03	1.04	34
蒙古国	Mongolia	1.21	1.21	1.21	18
新西兰	New Zealand	1.12	1.11	1.11	27
巴拿马	Panama	1.56	1.52	1.52	8
菲律宾	Philippines	1.52	1.51	1.51	9
波兰	Poland	1.22	1.22	1.22	17
葡萄牙	Portugal	1.05	1.05	1.05	32
罗马尼亚	Romania	1.31	1.31	1.32	13
俄罗斯联邦	Russian Federation	1.06	1.06	1.06	31
斯洛伐克	Slovakia	1.21	1.20	1.20	19
斯洛文尼亚	Slovenia	1.17	1.15	1.15	22
斯里兰卡	Sri Lanka	1.94	1.90	1.90	4
土耳其	Turkey	2.15	2.10	2.10	3
乌克兰	Ukraine	1.11	1.11	1.11	28
越南	Viet Nam	1.08	1.08	1.08	29

说明:劳动力性别比 = 男性劳动力人口 / 女性劳动力人口。如果一个国家的劳动力性别比大于 1,说明该国的男性劳动力人口多于女性劳动力人口。该数据越大,表明该国的男性劳动力人数相对越多。

Explanation: Labor force sex ratio = male labor force population/female labor force population. If the sex ratio of a country's labor force is greater than 1, it indicates that the country has more male labor force than female labor force. The larger the figure, the larger the relative number of men in the country's labor force.

第3章 "一带一路"国家的就业人口与分布

Chapter 3 Employment population and distribution of "the Belt and Road"countries

本章分析介绍"一带一路"样本国家的就业与失业人口数量、就业人口行业分布、就业人口职业分布、就业人口地位分布等情况。

This chapter analyzes and introduces the number of employed and unemployed population, industry distribution of employed population, occupation distribution of employed population, and status distribution of employed population in "the Belt and Road" sample countries.

3.1 "一带一路"样本国家的就业与失业人口数量

The number of employed and unemployed people in "the Belt and Road"sample countries

3.1.1 "一带一路"样本国家的就业人口数量

The number of employed people in "the Belt and Road" sample countries

资料来源:国际劳工组织数据库

Source: ILO Database

单位:千人(1000 persons)

国家与地区	Countries and Regions	2015	2016	2017	2017 年排名 Rank of 2017
世界	World	3203100	3240551	3274898	
亚美尼亚	Armenia	1143	1150	1153	35
奥地利	Austria	4223	4251	4279	24
阿塞拜疆	Azerbaijan	4616	4703	4734	21
孟加拉国	Bangladesh	61468	62540	63733	3
白俄罗斯	Belarus	5087	5064	5021	20
保加利亚	Bulgaria	3038	3027	3047	27
喀麦隆	Cameroon	9485	9762	10054	13
智利	Chile	8185	8246	8340	16
中国	China	764964	763980	762466	1
哥斯达黎加	Costa Rica	2107	2051	2102	30
捷克共和国	Czech Republic	5094	5197	5230	19
厄瓜多尔	Ecuador	7351	7634	7808	18
埃及	Egypt	26153	26688	27386	7
加纳	Ghana	12672	12973	13316	12
希腊	Greece	3822	3894	3974	25
匈牙利	Hungary	4276	4419	4436	23
以色列	Israel	3535	3611	3688	26
哈萨克斯坦	Kazakhstan	8763	8812	8859	14
韩国	Korea,Republic of	26219	26455	26597	8

续表

国家与地区	Countries and Regions	2015	2016	2017	2017 年排名 Rank of 2017
立陶宛	Lithuania	1349	1384	1385	32
马来西亚	Malaysia	14368	14601	14914	11
摩尔多瓦	Moldova, Republic of	1455	1403	1384	33
蒙古国	Mongolia	1217	1177	1194	34
新西兰	New Zealand	2388	2458	2486	29
巴拿马	Panama	1818	1868	1902	31
菲律宾	Philippines	41676	42568	43596	5
波兰	Poland	17076	17376	17498	10
葡萄牙	Portugal	4596	4652	4731	22
罗马尼亚	Romania	8510	8444	8438	15
俄罗斯联邦	Russian Federation	71935	71794	71454	2
斯洛伐克	Slovakia	2431	2501	2533	28
斯洛文尼亚	Slovenia	924	923	930	36
斯里兰卡	Sri Lanka	8024	8096	8147	17
土耳其	Turkey	26667	27416	27753	6
乌克兰	Ukraine	18808	18591	18341	9
越南	Viet Nam	55292	55694	56315	4

3.1.2 "一带一路"样本国家的失业人口数量

The number of unemployed people in "the Belt and Road" sample countries

资料来源:国际劳工组织数据库

Source: ILO Database

单位:千人(1000 persons)

国家与地区	Countries and Regions	2015	2016	2017	2017 年排名 Rank of 2017
世界	World	175684	177615	174108	
亚美尼亚	Armenia	255	242	245	24
奥地利	Austria	256	272	249	23
阿塞拜疆	Azerbaijan	241	248	251	22
孟加拉国	Bangladesh	2837	2844	3028	5
白俄罗斯	Belarus	302	297	285	21
保加利亚	Bulgaria	306	248	208	26
喀麦隆	Cameroon	351	355	353	18
智利	Chile	570	596	624	13
中国	China	36973	36151	35335	1
哥斯达黎加	Costa Rica	208	193	188	28
捷克共和国	Czech Republic	271	214	157	30
厄瓜多尔	Ecuador	276	368	316	20
埃及	Egypt	3957	3802	3667	3
加纳	Ghana	774	790	793	12
希腊	Greece	1267	1199	1092	7
匈牙利	Hungary	313	238	195	27

续表

国家与地区	Countries and Regions	2015	2016	2017	2017 年排名 Rank of 2017
以色列	Israel	196	182	162	29
哈萨克斯坦	Kazakhstan	454	460	456	16
韩国	Korea,Republic of	979	1017	1027	10
立陶宛	Lithuania	135	118	106	32
马来西亚	Malaysia	460	520	526	14
摩尔多瓦	Moldova,Republic of	56	61	59	36
蒙古国	Mongolia	62	92	82	33
新西兰	New Zealand	135	132	124	31
巴拿马	Panama	56	63	77	34
菲律宾	Philippines	1304	1184	1092	7
波兰	Poland	1385	1141	908	11
葡萄牙	Portugal	653	579	467	15
罗马尼亚	Romania	622	530	451	17
俄罗斯联邦	Russian Federation	4180	4160	3860	2
斯洛伐克	Slovakia	315	268	225	25
斯洛文尼亚	Slovenia	91	80	68	35
斯里兰卡	Sri Lanka	391	365	349	19
土耳其	Turkey	3041	3333	3448	4
乌克兰	Ukraine	1892	1914	1927	6
越南	Viet Nam	1041	1042	1074	9

3.1.3 "一带一路"样本国家的就业人口比率

Employment-to-population ratio in "the Belt and Road" sample countries

资料来源:国际劳工组织数据库

Source: ILO Database

单位:%(percent)

国家与地区	Countries and Regions	2015	2016	2017	2017 年排名 Rank of 2017
世界	World	58.8	58.7	58.6	16
亚美尼亚	Armenia	48.9	49.1	49.2	32
奥地利	Austria	56.7	56.8	57.0	19
阿塞拜疆	Azerbaijan	62.3	62.9	62.8	10
孟加拉国	Bangladesh	54.0	54.0	54.0	24
白俄罗斯	Belarus	63.9	63.9	63.7	9
保加利亚	Bulgaria	49.2	49.4	50.2	31
喀麦隆	Cameroon	72.9	72.9	73.0	3
智利	Chile	58.2	58.0	58.0	18
中国	China	66.5	66.1	65.7	6
哥斯达黎加	Costa Rica	56.4	54.1	54.7	23
捷克共和国	Czech Republic	56.6	57.8	58.2	17
厄瓜多尔	Ecuador	64.2	65.4	65.6	7
埃及	Egypt	41.7	41.9	42.2	35

续表

国家与地区	Countries and Regions	2015	2016	2017	2017 年排名 Rank of 2017
加纳	Ghana	75.1	75.0	75.1	2
希腊	Greece	39.9	40.6	41.5	36
匈牙利	Hungary	51.1	52.9	53.3	26
以色列	Israel	60.8	61.1	61.4	12
哈萨克斯坦	Kazakhstan	67.4	67.5	67.5	4
韩国	Korea, Republic of	60.2	60.3	60.3	14
立陶宛	Lithuania	53.9	55.8	56.3	20
马来西亚	Malaysia	62.3	62.1	62.3	11
摩尔多瓦	Moldova, Republic of	42.5	41.0	40.6	37
蒙古国	Mongolia	57.4	55.0	55.2	21
新西兰	New Zealand	64.7	65.8	65.8	5
巴拿马	Panama	63.5	64.0	63.9	8
菲律宾	Philippines	60.5	60.6	60.9	13
波兰	Poland	52.4	53.4	53.8	25
葡萄牙	Portugal	51.3	52.1	53.0	27
罗马尼亚	Romania	50.6	50.4	50.6	30
俄罗斯联邦	Russian Federation	60.1	60.3	60.2	15
斯洛伐克	Slovakia	52.8	54.2	54.9	22
斯洛文尼亚	Slovenia	52.2	52.1	52.6	28
斯里兰卡	Sri Lanka	51.4	51.4	51.4	29
土耳其	Turkey	45.8	46.2	45.8	34
乌克兰	Ukraine	49.6	49.4	49.1	33
越南	Viet Nam	76.8	76.6	76.6	1

说明:就业人口比率 = 就业人口 /15 岁以上人口。

Explanation: Employment-to-population ratio = employed population/population over 15 years old.

3.1.4 "一带一路"样本国家的失业率
The unemployment rate in "the Belt and Road" sample countries

资料来源:国际劳工组织数据库

Source: ILO Database

单位:%(percent)

国家与地区	Countries and Regions	2015	2016	2017	2017 年排名 Rank of 2017
世界	World	5.2	5.2	5.0	19
亚美尼亚	Armenia	18.2	17.4	17.5	2
奥地利	Austria	5.7	6.0	5.5	15
阿塞拜疆	Azerbaijan	5.0	5.0	5.0	20
孟加拉国	Bangladesh	4.4	4.3	4.5	24
白俄罗斯	Belarus	5.6	5.5	5.4	16
保加利亚	Bulgaria	9.1	7.6	6.4	13
喀麦隆	Cameroon	3.6	3.5	3.4	34

国家与地区	Countries and Regions	2015	2016	2017	2017 年排名 Rank of 2017
智利	Chile	6.5	6.7	7.0	10
中国	China	4.6	4.5	4.4	25
哥斯达黎加	Costa Rica	9.0	8.6	8.2	7
捷克共和国	Czech Republic	5.1	4.0	2.9	35
厄瓜多尔	Ecuador	3.6	4.6	3.9	31
埃及	Egypt	13.1	12.5	11.8	3
加纳	Ghana	5.8	5.7	5.6	14
希腊	Greece	24.9	23.5	21.6	1
匈牙利	Hungary	6.8	5.1	4.2	26
以色列	Israel	5.3	4.8	4.2	27
哈萨克斯坦	Kazakhstan	4.9	5.0	4.9	22
韩国	Korea, Republic of	3.6	3.7	3.7	32
立陶宛	Lithuania	9.1	7.9	7.1	9
马来西亚	Malaysia	3.1	3.4	3.4	33
摩尔多瓦	Moldova, Republic of	3.7	4.2	4.1	29
蒙古国	Mongolia	4.8	7.3	6.4	12
新西兰	New Zealand	5.4	5.1	4.8	23
巴拿马	Panama	3.0	3.3	3.9	30
菲律宾	Philippines	3.0	2.7	2.4	36
波兰	Poland	7.5	6.2	4.9	21
葡萄牙	Portugal	12.4	11.1	9.0	6
罗马尼亚	Romania	6.8	5.9	5.1	18
俄罗斯联邦	Russian Federation	5.5	5.5	5.1	17
斯洛伐克	Slovakia	11.5	9.7	8.2	8
斯洛文尼亚	Slovenia	9.0	8.0	6.8	11
斯里兰卡	Sri Lanka	4.6	4.3	4.1	28
土耳其	Turkey	10.2	10.8	11.1	4
乌克兰	Ukraine	9.1	9.3	9.5	5
越南	Viet Nam	1.8	1.8	1.9	37

说明:失业率 = 失业人口 /(就业人口 + 失业人口)。失业率为负向指标,越小越好。

Explanation: Unemployment rate = unemployed/(employed + unemployed). The unemployment rate is a negative indicator, the smaller the better.

3.1.5 "一带一路"样本国家的无业青年数量

The number of youth not in employment, education or training in "the Belt and Road" sample countries

资料来源:国际劳工组织数据库

Source: ILO Database

单位:千人(1000 persons)

国家与地区	Countries and Regions	2015	2016	2017	2017 年排名 Rank of 2017
世界	World	255046	252804	252005	
亚美尼亚	Armenia	149	147	140	24
奥地利	Austria	76	76	63	33
阿塞拜疆	Azerbaijan	224	208	193	19
孟加拉国	Bangladesh	9232	9088	8658	2
白俄罗斯	Belarus	99	96	91	30
保加利亚	Bulgaria	135	122	99	28
喀麦隆	Cameroon	728	734	752	11
智利	Chile	313	307	333	16
中国	China	32189	29848	28975	1
哥斯达黎加	Costa Rica	153	166	159	22
捷克共和国	Czech Republic	80	72	63	33
厄瓜多尔	Ecuador	583	545	520	14
埃及	Egypt	4512	4483	4384	3
加纳	Ghana	1388	1415	1436	7
希腊	Greece	193	177	171	21
匈牙利	Hungary	132	123	120	25
以色列	Israel	185	181	184	20
哈萨克斯坦	Kazakhstan	224	240	214	18
韩国	Korea, Republic of	868	851	820	10
立陶宛	Lithuania	35	34	32	35
马来西亚	Malaysia	733	698	685	13
摩尔多瓦	Moldova, Republic of	160	148	144	23
蒙古国	Mongolia	84	99	93	29
新西兰	New Zealand	74	78	76	31
巴拿马	Panama	123	115	117	26
菲律宾	Philippines	4430	4439	4366	4
波兰	Poland	496	458	396	15
葡萄牙	Portugal	123	115	101	27
罗马尼亚	Romania	404	380	325	17
俄罗斯联邦	Russian Federation	1836	1794	1817	6
斯洛伐克	Slovakia	90	77	73	32
斯洛文尼亚	Slovenia	19	16	13	36
斯里兰卡	Sri Lanka	897	969	1019	9

国家与地区	Countries and Regions	2015	2016	2017	2017 年排名 Rank of 2017
土耳其	Turkey	3102	3141	3207	5
乌克兰	Ukraine	852	839	723	12
越南	Viet Nam	1499	1428	1406	8

说明:无业青年是指没有就业、没有上学、没有接受培训的 15—24 岁的青年人口。

Explanation: Unemployed youth refers to the young people aged 15–24 who are not in employment, education or training.

3.1.6 "一带一路"样本国家的青年无业率

Share of youth not in employment, education or training in "the Belt and Road" sample countries

资料来源:国际劳工组织数据库

Source: ILO Database

单位:%(percent)

国家与地区	Countries and Regions	2015	2016	2017	2017 年排名 Rank of 2017
世界	World	21.4	21.2	21.2	9
亚美尼亚	Armenia	35.6	36.6	36.6	1
奥地利	Austria	7.5	7.7	6.5	35
阿塞拜疆	Azerbaijan	13.9	13.4	12.9	22
孟加拉国	Bangladesh	29.5	28.9	27.4	4
白俄罗斯	Belarus	9.2	9.4	9.3	31
保加利亚	Bulgaria	19.3	18.2	15.3	17
喀麦隆	Cameroon	16.1	15.9	15.9	16
智利	Chile	11.4	11.3	12.4	24
中国	China	17.7	17.1	17.2	13
哥斯达黎加	Costa Rica	18.9	20.7	20.1	10
捷克共和国	Czech Republic	7.5	7.0	6.3	37
厄瓜多尔	Ecuador	19.8	18.4	17.6	12
埃及	Egypt	27.6	27.6	26.9	5
加纳	Ghana	25.5	25.6	25.5	6
希腊	Greece	17.2	15.8	15.3	17
匈牙利	Hungary	11.6	11.1	11.0	28
以色列	Israel	15.5	14.9	14.9	20
哈萨克斯坦	Kazakhstan	8.5	9.5	8.9	34
韩国	Korea , Republic of	12.9	12.9	12.8	23
立陶宛	Lithuania	9.2	9.4	9.2	33
马来西亚	Malaysia	12.1	11.7	11.6	27
摩尔多瓦	Moldova , Republic of	27.8	27.4	28.3	3
蒙古国	Mongolia	16.8	20.5	19.8	11
新西兰	New Zealand	11.3	12.0	11.8	26
巴拿马	Panama	18.4	17.1	17.2	13

续表

国家与地区	Countries and Regions	2015	2016	2017	2017 年排名 Rank of 2017
菲律宾	Philippines	22.4	22.2	21.7	8
波兰	Poland	11.0	10.5	9.5	29
葡萄牙	Portugal	11.3	10.6	9.3	31
罗马尼亚	Romania	18.1	17.4	15.2	19
俄罗斯联邦	Russian Federation	12.0	12.4	13.1	21
斯洛伐克	Slovakia	13.7	12.3	12.1	25
斯洛文尼亚	Slovenia	9.5	8.0	6.5	35
斯里兰卡	Sri Lanka	28.8	31.1	32.8	2
土耳其	Turkey	23.9	24.0	24.2	7
乌克兰	Ukraine	17.6	18.3	16.5	15
越南	Viet Nam	9.5	9.3	9.5	29

说明:青年无业率 = 无业、无学、无培训的青年数量 /15—24 岁人口数量。

Explanation: Youth unemployment rate = the number of youth without employment, education or training/the number of people aged 15–24.

3.1.7 "一带一路"样本国家的未充分就业劳动力数量
The underemployed labour force in "the Belt and Road" sample countries

资料来源:国际劳工组织数据库

Source: ILO Database

单位:千人(1000 persons)

国家与地区	Countries and Regions	2015	2016	2017	2017 年排名 Rank of 2017
世界	World	134122.1	136968.2	137513.6	
亚美尼亚	Armenia	192.2	210.5	210.7	20
奥地利	Austria	204.7	197.3	185.2	23
阿塞拜疆	Azerbaijan	197.5	197.6	198.6	21
孟加拉国	Bangladesh	1949.6	2155.7	2207.5	3
白俄罗斯	Belarus	149.1	148.6	148.6	26
保加利亚	Bulgaria	238.5	225.5	175.9	24
喀麦隆	Cameroon	248.1	253.8	259.6	17
智利	Chile	843.3	812.7	787.9	8
中国	China	20807.6	20996	21185	1
哥斯达黎加	Costa Rica	303.3	292.9	248.5	18
捷克共和国	Czech Republic	65.4	60.4	51.7	33
厄瓜多尔	Ecuador	329.3	339.2	334.5	13
埃及	Egypt	3271.1	3266.8	3278	2
加纳	Ghana	694.3	711.4	728.5	9
希腊	Greece	149.2	155.3	160.1	25
匈牙利	Hungary	156.1	137.8	130	28
以色列	Israel	132.9	144	134.9	27
哈萨克斯坦	Kazakhstan	320.5	321.9	323.1	15

续表

国家与地区	Countries and Regions	2015	2016	2017	2017 年排名 Rank of 2017
韩国	Korea, Republic of	1773.7	1594	1659.1	5
立陶宛	Lithuania	23.6	28.8	28.3	35
马来西亚	Malaysia	444.6	459.4	466.7	11
摩尔多瓦	Moldova, Republic of	94.4	94.8	94.1	31
蒙古国	Mongolia	46.6	51.7	50.4	34
新西兰	New Zealand	123.5	110.3	96.7	30
巴拿马	Panama	95.2	88.7	101.4	29
菲律宾	Philippines	1370.4	1387.8	1460.7	6
波兰	Poland	703.1	615.8	564	10
葡萄牙	Portugal	285.9	260.7	238.7	19
罗马尼亚	Romania	360	348.4	281.5	16
俄罗斯联邦	Russian Federation	1553.3	1373.2	1340.8	7
斯洛伐克	Slovakia	69.8	56.3	59.6	32
斯洛文尼亚	Slovenia	29.4	23.2	17.5	36
斯里兰卡	Sri Lanka	364.2	364.6	366	12
土耳其	Turkey	1889.7	1958.8	1826.2	4
乌克兰	Ukraine	184	189.6	194.4	22
越南	Viet Nam	438.5	372	330.5	14

说明:未充分就业劳动力是指达不到法定工时或规定收入水平的就业者,比如小时工等,又称为潜在劳动力(potential labour force)。

Explanation: Underemployed labor force refers to those workers who can not reach the statutory working hours or prescribed income levels, such as hourly workers, also known as potential labour force.

3.1.8 "一带一路"样本国家的失业与就业不充分的综合比率
Combined rate of unemployment and underemployment in "the Belt and Road" sample countries

资料来源:国际劳工组织数据库
Source: ILO Database
单位:% (percent)

国家与地区	Countries and Regions	2015	2016	2017	2017 年排名 Rank of 2017
世界	World	8.9	8.9	8.7	17
亚美尼亚	Armenia	28.1	28.6	28.8	1
奥地利	Austria	9.8	9.9	9.2	14
阿塞拜疆	Azerbaijan	8.7	8.7	8.6	18
孟加拉国	Bangladesh	7.2	7.4	7.3	29
白俄罗斯	Belarus	8.6	8.5	8.4	20
保加利亚	Bulgaria	15.2	13.5	10.8	9
喀麦隆	Cameroon	5.9	5.8	5.7	35
智利	Chile	14.7	14.6	14.5	6
中国	China	7.0	6.9	6.9	30

续表

国家与地区	Countries and Regions	2015	2016	2017	2017 年排名 Rank of 2017
哥斯达黎加	Costa Rica	19.6	19.2	17.1	4
捷克共和国	Czech Republic	6.2	5.0	3.8	36
厄瓜多尔	Ecuador	7.6	8.5	7.6	27
埃及	Egypt	21.5	20.9	20.2	3
加纳	Ghana	12.2	12.1	12.0	8
希腊	Greece	27.0	25.8	23.9	2
匈牙利	Hungary	9.9	7.8	6.7	32
以色列	Israel	8.5	8.3	7.5	28
哈萨克斯坦	Kazakhstan	8.1	8.2	8.1	22
韩国	Korea, Republic of	9.5	9.0	9.1	15
立陶宛	Lithuania	10.6	9.6	8.8	16
马来西亚	Malaysia	5.9	6.3	6.3	33
摩尔多瓦	Moldova, Republic of	9.4	10.0	10.0	12
蒙古国	Mongolia	8.2	10.9	9.9	13
新西兰	New Zealand	9.8	9.0	8.1	22
巴拿马	Panama	7.7	7.6	8.6	18
菲律宾	Philippines	6.0	5.7	5.8	34
波兰	Poland	10.9	9.2	7.7	26
葡萄牙	Portugal	17.0	15.3	12.8	7
罗马尼亚	Romania	10.4	9.4	7.8	25
俄罗斯联邦	Russian Federation	7.5	7.3	6.9	30
斯洛伐克	Slovakia	13.7	11.5	10.1	11
斯洛文尼亚	Slovenia	11.5	10.1	8.1	22
斯里兰卡	Sri Lanka	8.7	8.4	8.2	21
土耳其	Turkey	15.6	16.2	15.7	5
乌克兰	Ukraine	9.9	10.2	10.4	10
越南	Viet Nam	2.6	2.5	2.5	37

说明:失业与就业不充分的综合比率 =(失业人口 + 不充分就业人口)/(失业人口 + 不充分就业人口 + 充分就业人口)。

Explanation: The combined ratio of unemployment and underemployment = (unemployed population + underemployed population)/(unemployed population + underemployed population + fully employed population).

3.2 "一带一路"样本国家的就业人口行业分布
Employment population and industry distribution in "the Belt and Road" sample countries

3.2.1 "一带一路"样本国家的农业就业人口数量
The number of agricultural workers in "the Belt and Road" sample countries

资料来源:国际劳工组织数据库
Source: ILO Database
单位:千人(1000 persons)

国家与地区	Countries and Regions	2015	2016	2017	2017 年排名 Rank of 2017
世界	World	931674	930470	930463	
亚美尼亚	Armenia	404	380	378	23
奥地利	Austria	191	185	168	30
阿塞拜疆	Azerbaijan	1679	1709	1733	15
孟加拉国	Bangladesh	26676	26682	26883	2
白俄罗斯	Belarus	467	466	509	20
保加利亚	Bulgaria	208	204	222	29
喀麦隆	Cameroon	4514	4618	4737	7
智利	Chile	768	782	772	19
中国	China	219235	212517	207135	1
哥斯达黎加	Costa Rica	258	250	267	27
捷克共和国	Czech Republic	149	151	148	32
厄瓜多尔	Ecuador	1926	2057	2192	11
埃及	Egypt	6805	6865	6884	5
加纳	Ghana	3729	3775	3830	9
希腊	Greece	493	482	482	21
匈牙利	Hungary	210	223	226	28
以色列	Israel	37	37	37	36
哈萨克斯坦	Kazakhstan	1578	1432	1339	17
韩国	Korea, Republic of	1340	1275	1279	18
立陶宛	Lithuania	122	110	108	33
马来西亚	Malaysia	1793	1661	1672	16
摩尔多瓦	Moldova, Republic of	497	473	448	22
蒙古国	Mongolia	346	357	349	24
新西兰	New Zealand	146	160	157	31
巴拿马	Panama	264	283	275	26
菲律宾	Philippines	11993	11500	10610	4
波兰	Poland	1970	1839	1806	14
葡萄牙	Portugal	346	322	307	25
罗马尼亚	Romania	2177	1951	1981	13
俄罗斯联邦	Russian Federation	4754	4748	4142	8

续表

国家与地区	Countries and Regions	2015	2016	2017	2017 年排名 Rank of 2017
斯洛伐克	Slovakia	77	72	69	34
斯洛文尼亚	Slovenia	65	46	54	35
斯里兰卡	Sri Lanka	2234	2158	2089	12
土耳其	Turkey	5442	5347	5509	6
乌克兰	Ukraine	2871	2895	2825	10
越南	Viet Nam	24200	23132	22444	3

3.2.2 "一带一路"样本国家的工业就业人口数量

The number of industrial workers in "the Belt and Road" sample countries

资料来源:国际劳工组织数据库

Source: ILO Database

单位:千人(1000 persons)

国家与地区	Countries and Regions	2015	2016	2017	2017 年排名 Rank of 2017
世界	World	739272	745162	754613	
亚美尼亚	Armenia	182	179	178	36
奥地利	Austria	1088	1087	1067	23
阿塞拜疆	Azerbaijan	649	674	685	26
孟加拉国	Bangladesh	12239	12797	13521	4
白俄罗斯	Belarus	1495	1511	1464	19
保加利亚	Bulgaria	908	902	945	24
喀麦隆	Cameroon	1350	1393	1436	20
智利	Chile	1906	1897	1898	16
中国	China	223557	223568	222481	1
哥斯达黎加	Costa Rica	402	382	391	30
捷克共和国	Czech Republic	1937	1978	2008	15
厄瓜多尔	Ecuador	1445	1422	1468	18
埃及	Egypt	6612	6845	7304	7
加纳	Ghana	1980	2024	2080	14
希腊	Greece	571	594	615	28
匈牙利	Hungary	1297	1345	1416	21
以色列	Israel	626	634	643	27
哈萨克斯坦	Kazakhstan	1802	1850	1884	17
韩国	Korea, Republic of	6610	6614	6704	8
立陶宛	Lithuania	338	348	350	32
马来西亚	Malaysia	3955	4015	4079	11
摩尔多瓦	Moldova, Republic of	260	241	231	35
蒙古国	Mongolia	247	224	233	34
新西兰	New Zealand	525	495	516	29
巴拿马	Panama	337	339	353	31
菲律宾	Philippines	6951	7423	7621	5
波兰	Poland	5215	5464	5595	9

续表

国家与地区	Countries and Regions	2015	2016	2017	2017 年排名 Rank of 2017
葡萄牙	Portugal	1119	1140	1188	22
罗马尼亚	Romania	2422	2523	2620	12
俄罗斯联邦	Russian Federation	19257	19045	18929	2
斯洛伐克	Slovakia	878	912	944	25
斯洛文尼亚	Slovenia	296	306	321	33
斯里兰卡	Sri Lanka	2143	2212	2275	13
土耳其	Turkey	7261	7341	7543	6
乌克兰	Ukraine	4645	4501	4455	10
越南	Viet Nam	12504	13682	14407	3

3.2.3 "一带一路"样本国家的服务业就业人口数量

The number of service sector employment in "the Belt and Road" sample countries

资料来源:国际劳工组织数据库

Source: ILO Database

单位:千人(1000 persons)

国家与地区	Countries and Regions	2015	2016	2017	2017 年排名 Rank of 2017
世界	World	1910167	1952846	1997164	
亚美尼亚	Armenia	498	507	511	36
奥地利	Austria	3467	3533	3586	22
阿塞拜疆	Azerbaijan	2473	2506	2550	27
孟加拉国	Bangladesh	30691	31261	35645	3
白俄罗斯	Belarus	3239	2954	2962	25
保加利亚	Bulgaria	2483	2503	2634	26
喀麦隆	Cameroon	5202	5411	5623	16
智利	Chile	6473	6622	6711	13
中国	China	439862	451166	462335	1
哥斯达黎加	Costa Rica	1941	1973	1778	29
捷克共和国	Czech Republic	3601	3614	3647	20
厄瓜多尔	Ecuador	5388	5652	5825	15
埃及	Egypt	13796	13866	14658	8
加纳	Ghana	6452	6732	7002	12
希腊	Greece	3421	3508	3608	21
匈牙利	Hungary	3101	3194	3214	23
以色列	Israel	2901	2974	3044	24
哈萨克斯坦	Kazakhstan	5998	6176	6299	14
韩国	Korea, Republic of	23769	24122	24161	6
立陶宛	Lithuania	1051	1094	1108	32
马来西亚	Malaysia	11773	12326	12635	9
摩尔多瓦	Moldova, Republic of	753	763	779	33
蒙古国	Mongolia	760	696	757	34
新西兰	New Zealand	2041	2037	2133	28

续表

国家与地区	Countries and Regions	2015	2016	2017	2017 年排名 Rank of 2017
巴拿马	Panama	1497	1531	1600	31
菲律宾	Philippines	30936	32169	32216	4
波兰	Poland	11822	12098	12307	11
葡萄牙	Portugal	3473	3598	3755	19
罗马尼亚	Romania	4984	5106	5299	17
俄罗斯联邦	Russian Federation	52882	52560	53628	2
斯洛伐克	Slovakia	1663	1721	1703	30
斯洛文尼亚	Slovenia	661	667	687	35
斯里兰卡	Sri Lanka	4351	4476	4590	18
土耳其	Turkey	18152	19038	20067	7
乌克兰	Ukraine	12785	12505	12447	10
越南	Viet Nam	25256	25432	26344	5

3.2.4 "一带一路"样本国家的非农业就业人口数量

The number of non-agricultural workers in "the Belt and Road" sample countries

资料来源:国际劳工组织数据库

Source: ILO Database

单位:千人(1000 persons)

国家与地区	Countries and Regions	2015	2016	2017	2017 年排名 Rank of 2017
世界	World	2257117	2294255	2339867	
亚美尼亚	Armenia	739	752	752	36
奥地利	Austria	4032	4066	4112	23
阿塞拜疆	Azerbaijan	2938	2994	3035	26
孟加拉国	Bangladesh	34740	35858	39336	3
白俄罗斯	Belarus	4344	4326	4249	22
保加利亚	Bulgaria	2830	2822	2940	27
喀麦隆	Cameroon	5064	5248	5434	18
智利	Chile	7418	7464	7576	12
中国	China	547548	554691	560600	1
哥斯达黎加	Costa Rica	1841	1800	1852	30
捷克共和国	Czech Republic	4946	5046	5127	19
厄瓜多尔	Ecuador	5426	5578	5723	17
埃及	Egypt	19555	19978	20607	8
加纳	Ghana	6871	7105	7346	14
希腊	Greece	3329	3412	3508	25
匈牙利	Hungary	4066	4196	4265	21
以色列	Israel	3498	3575	3649	24
哈萨克斯坦	Kazakhstan	7184	7380	7512	13
韩国	Korea, Republic of	24888	25187	25457	6
立陶宛	Lithuania	1226	1273	1285	32
马来西亚	Malaysia	12580	12946	13217	11

国家与地区	Countries and Regions	2015	2016	2017	2017 年排名 Rank of 2017
摩尔多瓦	Moldova,Republic of	958	930	938	33
蒙古国	Mongolia	871	820	864	35
新西兰	New Zealand	2242	2298	2364	29
巴拿马	Panama	1538	1562	1625	31
菲律宾	Philippines	29791	31041	31096	5
波兰	Poland	15107	15537	15861	9
葡萄牙	Portugal	4250	4330	4495	20
罗马尼亚	Romania	6333	6493	6716	15
俄罗斯联邦	Russian Federation	66094	65932	66046	2
斯洛伐克	Slovakia	2354	2429	2472	28
斯洛文尼亚	Slovenia	859	877	912	34
斯里兰卡	Sri Lanka	5738	5835	5921	16
土耳其	Turkey	21227	22071	22913	7
乌克兰	Ukraine	15942	15664	15508	10
越南	Viet Nam	30777	32123	33448	4

3.2.5 "一带一路"样本国家的农业就业人口比率

The ratio of agricultural employment in "the Belt and Road" sample countries

资料来源:国际劳工组织数据库

Source: ILO Database

单位:%(percent)

国家与地区	Countries and Regions	2015	2016	2017	2017 年排名 Rank of 2017
世界	World	29.2	28.9	28.5	9
亚美尼亚	Armenia	35.3	33.6	33.4	6
奥地利	Austria	4.5	4.4	3.9	34
阿塞拜疆	Azerbaijan	36.4	36.3	36.4	4
孟加拉国	Bangladesh	43.4	42.7	40.6	2
白俄罗斯	Belarus	9.7	9.7	10.7	23
保加利亚	Bulgaria	6.9	6.8	7.0	27
喀麦隆	Cameroon	47.1	46.8	46.6	1
智利	Chile	9.4	9.5	9.3	25
中国	China	28.6	27.7	27.0	11
哥斯达黎加	Costa Rica	12.3	12.2	12.6	20
捷克共和国	Czech Republic	2.9	2.9	2.8	35
厄瓜多尔	Ecuador	26.2	26.9	27.7	10
埃及	Egypt	25.8	25.6	25.0	14
加纳	Ghana	35.2	34.7	34.3	5
希腊	Greece	12.9	12.4	12.1	21
匈牙利	Hungary	4.9	5.0	5.0	32
以色列	Israel	1.0	1.0	1.0	37
哈萨克斯坦	Kazakhstan	18.0	16.3	15.1	18

续表

国家与地区	Countries and Regions	2015	2016	2017	2017 年排名 Rank of 2017
韩国	Korea, Republic of	5.1	4.8	4.8	33
立陶宛	Lithuania	9.1	8.0	7.8	26
马来西亚	Malaysia	12.5	11.4	11.2	22
摩尔多瓦	Moldova, Republic of	34.2	33.7	32.3	7
蒙古国	Mongolia	28.5	30.4	28.8	8
新西兰	New Zealand	6.1	6.5	6.2	29
巴拿马	Panama	14.7	15.4	14.5	19
菲律宾	Philippines	28.7	27.0	25.4	13
波兰	Poland	11.5	10.6	10.2	24
葡萄牙	Portugal	7.5	6.9	6.4	28
罗马尼亚	Romania	25.6	23.1	22.8	15
俄罗斯联邦	Russian Federation	6.7	6.7	5.9	30
斯洛伐克	Slovakia	3.2	2.9	2.7	36
斯洛文尼亚	Slovenia	7.1	5.0	5.6	31
斯里兰卡	Sri Lanka	28.0	27.0	26.1	12
土耳其	Turkey	20.4	19.5	19.4	16
乌克兰	Ukraine	15.3	15.6	15.4	17
越南	Viet Nam	44.0	41.9	40.2	3

说明:农业就业人口比率 = 农业就业人口 / 总就业人口。

Explanation: Agricultural employment ratio = agricultural employment population/total employment population.

3.2.6 "一带一路"样本国家的工业就业人口比率

The ratio of industrial employment in "the Belt and Road" sample countries

资料来源:国际劳工组织数据库

Source: ILO Database

单位:%(percent)

国家与地区	Countries and Regions	2015	2016	2017	2017 年排名 Rank of 2017
世界	World	23.2	23.1	23.1	21
亚美尼亚	Armenia	15.9	15.8	15.8	34
奥地利	Austria	25.8	25.6	24.9	18
阿塞拜疆	Azerbaijan	14.1	14.3	14.4	36
孟加拉国	Bangladesh	19.9	20.5	20.4	25
白俄罗斯	Belarus	31.1	31.5	30.8	6
保加利亚	Bulgaria	29.9	29.8	29.9	8
喀麦隆	Cameroon	14.1	14.1	14.1	37
智利	Chile	23.3	23.0	22.7	22
中国	China	29.2	29.1	29.0	9
哥斯达黎加	Costa Rica	19.2	18.6	18.5	30
捷克共和国	Czech Republic	38.0	38.1	38.1	1
厄瓜多尔	Ecuador	19.7	18.6	18.6	27

续表

国家与地区	Countries and Regions	2015	2016	2017	2017 年排名 Rank of 2017
埃及	Egypt	25.1	25.5	26.6	13
加纳	Ghana	18.7	18.6	18.6	27
希腊	Greece	14.9	15.3	15.4	35
匈牙利	Hungary	30.3	30.4	31.5	5
以色列	Israel	17.7	17.6	17.5	32
哈萨克斯坦	Kazakhstan	20.6	21.0	21.3	23
韩国	Korea,Republic of	25.2	25.0	25.1	16
立陶宛	Lithuania	25.1	25.1	25.1	16
马来西亚	Malaysia	27.5	27.5	27.4	11
摩尔多瓦	Moldova,Republic of	17.9	17.1	16.7	33
蒙古国	Mongolia	20.3	19.0	19.2	26
新西兰	New Zealand	22.0	20.2	20.5	24
巴拿马	Panama	18.7	18.4	18.6	27
菲律宾	Philippines	16.6	17.5	18.3	31
波兰	Poland	30.5	31.5	31.7	4
葡萄牙	Portugal	24.4	24.5	24.7	19
罗马尼亚	Romania	28.5	29.9	30.1	7
俄罗斯联邦	Russian Federation	27.2	27.0	27.0	12
斯洛伐克	Slovakia	36.1	36.5	37.2	2
斯洛文尼亚	Slovenia	32.0	33.2	33.3	3
斯里兰卡	Sri Lanka	26.9	27.7	28.4	10
土耳其	Turkey	27.2	26.8	26.5	14
乌克兰	Ukraine	24.7	24.3	24.3	20
越南	Viet Nam	22.7	24.8	25.8	15

说明:工业就业人口比率=工业就业人口/总就业人口。

Explanation: Industrial employment ratio = industrial employment/total employment.

3.2.7 "一带一路"样本国家的服务业就业人口比率
The ratio of service sector employment in "the Belt and Road" sample countries

资料来源:国际劳工组织数据库

Source: ILO Database

单位:%(percent)

国家与地区	Countries and Regions	2015	2016	2017	2017 年排名 Rank of 2017
世界	World	59.9	60.6	61.1	27
亚美尼亚	Armenia	43.5	44.8	45.3	37
奥地利	Austria	82.1	83.1	83.8	7
阿塞拜疆	Azerbaijan	53.6	53.3	53.5	34
孟加拉国	Bangladesh	50.0	50.0	53.8	33
白俄罗斯	Belarus	67.3	61.6	62.3	26
保加利亚	Bulgaria	81.7	82.7	83.3	8

续表

国家与地区	Countries and Regions	2015	2016	2017	2017 年排名 Rank of 2017
喀麦隆	Cameroon	54.3	54.9	55.3	32
智利	Chile	79.1	80.3	80.4	10
中国	China	57.4	58.8	60.2	29
哥斯达黎加	Costa Rica	92.4	96.2	83.9	6
捷克共和国	Czech Republic	70.7	69.6	69.1	21
厄瓜多尔	Ecuador	73.3	74.0	73.6	15
埃及	Egypt	52.3	51.7	53.3	35
加纳	Ghana	60.9	61.9	62.7	24
希腊	Greece	89.5	90.1	90.4	1
匈牙利	Hungary	72.5	72.3	71.6	16
以色列	Israel	82.1	82.4	82.6	9
哈萨克斯坦	Kazakhstan	68.5	70.1	71.2	17
韩国	Korea,Republic of	90.6	91.2	90.4	1
立陶宛	Lithuania	77.9	79.0	79.5	11
马来西亚	Malaysia	81.9	84.4	84.9	3
摩尔多瓦	Moldova,Republic of	51.7	54.4	56.2	31
蒙古国	Mongolia	62.5	59.1	62.4	25
新西兰	New Zealand	85.5	82.9	84.6	4
巴拿马	Panama	83.0	83.0	84.2	5
菲律宾	Philippines	74.0	75.6	77.3	13
波兰	Poland	69.2	69.6	69.7	20
葡萄牙	Portugal	75.6	77.3	78.2	12
罗马尼亚	Romania	58.6	60.5	60.9	28
俄罗斯联邦	Russian Federation	74.6	74.4	76.4	14
斯洛伐克	Slovakia	68.4	68.8	67.0	23
斯洛文尼亚	Slovenia	71.5	72.2	71.1	18
斯里兰卡	Sri Lanka	54.6	56.0	57.3	30
土耳其	Turkey	68.1	69.4	70.6	19
乌克兰	Ukraine	68.0	67.4	67.9	22
越南	Viet Nam	45.9	46.0	47.1	36

说明:服务业就业人口比率=服务业就业人口/总就业人口。

Explanation: Service employment ratio = service employment/total employment.

3.2.8 "一带一路"样本国家的非农就业人口比率

The ratio of non-agricultural employment in "the Belt and Road" sample countries

资料来源：国际劳工组织数据库

Source: ILO Database

单位：%(percent)

国家与地区	Countries and Regions	2015	2016	2017	2017 年排名 Rank of 2017
世界	World	70.8	71.2	71.6	29
亚美尼亚	Armenia	64.7	66.4	66.6	32
奥地利	Austria	95.5	95.7	96.1	4
阿塞拜疆	Azerbaijan	63.6	63.7	63.7	34
孟加拉国	Bangladesh	56.6	57.3	59.4	36
白俄罗斯	Belarus	90.3	90.3	89.3	15
保加利亚	Bulgaria	93.1	93.3	93.0	11
喀麦隆	Cameroon	52.9	53.2	53.4	37
智利	Chile	90.6	90.5	90.8	13
中国	China	71.4	72.3	73.0	27
哥斯达黎加	Costa Rica	87.7	87.8	87.4	18
捷克共和国	Czech Republic	97.1	97.1	97.2	3
厄瓜多尔	Ecuador	73.8	73.1	72.3	28
埃及	Egypt	74.2	74.4	75.0	24
加纳	Ghana	64.8	65.3	65.7	33
希腊	Greece	87.1	87.6	87.9	17
匈牙利	Hungary	95.1	95.0	95.0	6
以色列	Israel	99.0	99.0	99.0	1
哈萨克斯坦	Kazakhstan	82.0	83.8	84.9	20
韩国	Korea,Republic of	94.9	95.2	95.2	5
立陶宛	Lithuania	90.9	92.0	92.2	12
马来西亚	Malaysia	87.5	88.6	88.8	16
摩尔多瓦	Moldova,Republic of	65.9	66.3	67.7	31
蒙古国	Mongolia	71.6	69.6	71.2	30
新西兰	New Zealand	93.9	93.5	93.8	9
巴拿马	Panama	85.3	84.6	85.5	19
菲律宾	Philippines	71.3	73.0	74.6	25
波兰	Poland	88.5	89.4	89.8	14
葡萄牙	Portugal	92.5	93.1	93.6	10
罗马尼亚	Romania	74.4	76.9	77.2	23
俄罗斯联邦	Russian Federation	93.3	93.3	94.1	8
斯洛伐克	Slovakia	96.8	97.1	97.3	2
斯洛文尼亚	Slovenia	92.9	95.0	94.4	7
斯里兰卡	Sri Lanka	72.0	73.0	73.9	26
土耳其	Turkey	79.6	80.5	80.6	22

续表

国家与地区	Countries and Regions	2015	2016	2017	2017 年排名 Rank of 2017
乌克兰	Ukraine	84.7	84.4	84.6	21
越南	Viet Nam	56.0	58.1	59.9	35

说明:非农业就业人口比率 =(工业就业人口 + 服务业就业人口)/ 总就业人口。

Explanation: Non-agricultural employment ratio = (industrial employment + service employment)/total employment.

3.3 "一带一路"样本国家的就业人口职业分布

Occupation distribution of employed population in "the Belt and Road" sample countries

3.3.1 "一带一路"样本国家的管理人员数量

The number of managers in "the Belt and Road" sample countries

资料来源:国际劳工组织数据库

Source: ILO Database

单位:千人(1000 persons)

国家与地区	Countries and Regions	2015	2016	2017	2017 年排名 Rank of 2017
世界	World	148683	152091	154197	
亚美尼亚	Armenia	77	68	69	34
奥地利	Austria	198	193	205	21
阿塞拜疆	Azerbaijan	58	59	61	35
孟加拉国	Bangladesh	995	1154	1088	8
白俄罗斯	Belarus	490	463	447	13
保加利亚	Bulgaria	184	185	183	23
喀麦隆	Cameroon	287	297	306	17
智利	Chile	195	185	185	22
中国	China	26399	26787	27228	1
哥斯达黎加	Costa Rica	37	33	30	36
捷克共和国	Czech Republic	278	273	254	19
厄瓜多尔	Ecuador	99	98	84	31
埃及	Egypt	3692	3511	3247	4
加纳	Ghana	145	151	158	25
希腊	Greece	122	107	100	29
匈牙利	Hungary	202	205	207	20
以色列	Israel	386	408	390	14
哈萨克斯坦	Kazakhstan	462	464	466	12
韩国	Korea, Republic of	359	336	313	16
立陶宛	Lithuania	121	128	127	26
马来西亚	Malaysia	735	679	679	9
摩尔多瓦	Moldova, Republic of	97	98	91	30

续表

国家与地区	Countries and Regions	2015	2016	2017	2017 年排名 Rank of 2017
蒙古国	Mongolia	80	76	80	32
新西兰	New Zealand	328	338	346	15
巴拿马	Panama	106	119	111	28
菲律宾	Philippines	6805	7233	6726	2
波兰	Poland	1068	1112	1117	7
葡萄牙	Portugal	301	305	300	18
罗马尼亚	Romania	188	185	164	24
俄罗斯联邦	Russian Federation	4894	4970	4774	3
斯洛伐克	Slovakia	118	113	113	27
斯洛文尼亚	Slovenia	74	71	73	33
斯里兰卡	Sri Lanka	419	483	549	11
土耳其	Turkey	1389	1413	1429	5
乌克兰	Ukraine	1486	1437	1401	6
越南	Viet Nam	595	577	641	10

3.3.2 "一带一路"样本国家的专业人员数量
The number of professionals in "the Belt and Road" sample countries

资料来源：国际劳工组织数据库

Source: ILO Database

单位：千人（1000 persons）

国家与地区	Countries and Regions	2015	2016	2017	2017 年排名 Rank of 2017
世界	World	279264	288945	299127	
亚美尼亚	Armenia	149	162	162	36
奥地利	Austria	697	724	751	21
阿塞拜疆	Azerbaijan	590	599	606	23
孟加拉国	Bangladesh	2942	3103	3203	7
白俄罗斯	Belarus	859	899	877	18
保加利亚	Bulgaria	520	518	513	27
喀麦隆	Cameroon	500	526	552	25
智利	Chile	926	953	986	15
中国	China	50671	53701	56262	1
哥斯达黎加	Costa Rica	250	228	256	31
捷克共和国	Czech Republic	774	798	813	19
厄瓜多尔	Ecuador	590	625	594	24
埃及	Egypt	3180	2921	3107	8
加纳	Ghana	856	917	962	16
希腊	Greece	720	764	789	20
匈牙利	Hungary	673	671	663	22
以色列	Israel	939	968	1012	14
哈萨克斯坦	Kazakhstan	1489	1538	1585	12
韩国	Korea, Republic of	5253	5356	5482	3
立陶宛	Lithuania	315	324	325	29

续表

国家与地区	Countries and Regions	2015	2016	2017	2017 年排名 Rank of 2017
马来西亚	Malaysia	1493	1810	1876	11
摩尔多瓦	Moldova, Republic of	200	194	193	34
蒙古国	Mongolia	187	188	178	35
新西兰	New Zealand	452	472	491	28
巴拿马	Panama	196	200	208	33
菲律宾	Philippines	2154	2158	2228	10
波兰	Poland	3313	3318	3456	5
葡萄牙	Portugal	821	839	886	17
罗马尼亚	Romania	1267	1296	1349	13
俄罗斯联邦	Russian Federation	17067	16805	17078	2
斯洛伐克	Slovakia	287	295	316	30
斯洛文尼亚	Slovenia	207	207	216	32
斯里兰卡	Sri Lanka	530	539	547	26
土耳其	Turkey	2587	2808	2890	9
乌克兰	Ukraine	3322	3313	3280	6
越南	Viet Nam	3596	3802	4037	4

3.3.3 "一带一路"样本国家的技术人员数量

The number of technicians and associate professionals in "the Belt and Road" sample countries

资料来源:国际劳工组织数据库

Source: ILO Database

单位:千人(1000 persons)

国家与地区	Countries and Regions	2015	2016	2017	2017 年排名 Rank of 2017
世界	World	221709	226210	231991	
亚美尼亚	Armenia	113	108	109	34
奥地利	Austria	824	815	827	15
阿塞拜疆	Azerbaijan	436	444	448	22
孟加拉国	Bangladesh	1151	1210	1235	11
白俄罗斯	Belarus	559	552	564	17
保加利亚	Bulgaria	285	288	303	27
喀麦隆	Cameroon	278	287	298	28
智利	Chile	910	898	1003	13
中国	China	40817	42137	43899	1
哥斯达黎加	Costa Rica	207	194	205	30
捷克共和国	Czech Republic	868	897	943	14
厄瓜多尔	Ecuador	331	353	367	24
埃及	Egypt	2072	2393	1990	6
加纳	Ghana	230	241	249	29
希腊	Greece	317	323	322	25
匈牙利	Hungary	624	646	676	16
以色列	Israel	491	503	507	21

续表

国家与地区	Countries and Regions	2015	2016	2017	2017 年排名 Rank of 2017
哈萨克斯坦	Kazakhstan	998	1030	1061	12
韩国	Korea, Republic of	4440	4551	4650	3
立陶宛	Lithuania	130	132	133	32
马来西亚	Malaysia	1437	1498	1541	10
摩尔多瓦	Moldova, Republic of	95	89	93	35
蒙古国	Mongolia	34	30	32	36
新西兰	New Zealand	297	305	313	26
巴拿马	Panama	146	152	150	31
菲律宾	Philippines	1115	1403	1589	9
波兰	Poland	2109	2234	2323	4
葡萄牙	Portugal	522	553	556	18
罗马尼亚	Romania	494	510	526	20
俄罗斯联邦	Russian Federation	9321	9218	9263	2
斯洛伐克	Slovakia	375	384	386	23
斯洛文尼亚	Slovenia	112	121	133	32
斯里兰卡	Sri Lanka	496	517	544	19
土耳其	Turkey	1488	1543	1650	8
乌克兰	Ukraine	2263	2177	2077	5
越南	Viet Nam	1740	1703	1831	7

3.3.4 "一带一路"样本国家的办事人员数量

The number of clerical staff in "the Belt and Road" sample countries

资料来源：国际劳工组织数据库

Source: ILO Database

单位：千人（1000 persons）

国家与地区	Countries and Regions	2015	2016	2017	2017 年排名 Rank of 2017
世界	World	160180	160284	162092	
亚美尼亚	Armenia	35	33	33	36
奥地利	Austria	433	424	416	16
阿塞拜疆	Azerbaijan	224	225	225	26
孟加拉国	Bangladesh	949	922	977	9
白俄罗斯	Belarus	226	228	207	28
保加利亚	Bulgaria	188	180	196	29
喀麦隆	Cameroon	213	220	227	25
智利	Chile	753	772	750	11
中国	China	27658	27684	27773	1
哥斯达黎加	Costa Rica	174	183	195	30
捷克共和国	Czech Republic	471	483	516	14
厄瓜多尔	Ecuador	356	294	260	23
埃及	Egypt	749	700	844	10
加纳	Ghana	203	206	211	27

续表

国家与地区	Countries and Regions	2015	2016	2017	2017 年排名 Rank of 2017
希腊	Greece	407	413	432	15
匈牙利	Hungary	334	345	337	19
以色列	Israel	263	266	270	22
哈萨克斯坦	Kazakhstan	470	497	525	13
韩国	Korea, Republic of	2769	2842	2899	2
立陶宛	Lithuania	57	58	63	33
马来西亚	Malaysia	1268	1200	1221	6
摩尔多瓦	Moldova, Republic of	35	34	35	34
蒙古国	Mongolia	38	36	34	35
新西兰	New Zealand	269	275	279	21
巴拿马	Panama	114	109	116	31
菲律宾	Philippines	2695	2430	2367	3
波兰	Poland	1066	1079	1097	7
葡萄牙	Portugal	350	353	374	18
罗马尼亚	Romania	375	372	394	17
俄罗斯联邦	Russian Federation	2238	2195	2263	4
斯洛伐克	Slovakia	212	227	234	24
斯洛文尼亚	Slovenia	72	70	71	32
斯里兰卡	Sri Lanka	335	329	321	20
土耳其	Turkey	1850	1960	2000	5
乌克兰	Ukraine	596	553	541	12
越南	Viet Nam	1002	1031	1019	8

3.3.5 "一带一路"样本国家的服务与销售人员数量

The number of service and sales workers in "the Belt and Road" sample countries

资料来源:国际劳工组织数据库

Source: ILO Database

单位:千人(1000 persons)

国家与地区	Countries and Regions	2015	2016	2017	2017 年排名 Rank of 2017
世界	World	480957	495946	513278	
亚美尼亚	Armenia	128	151	153	35
奥地利	Austria	732	770	784	22
阿塞拜疆	Azerbaijan	563	573	580	27
孟加拉国	Bangladesh	9805	9762	10945	3
白俄罗斯	Belarus	690	694	707	24
保加利亚	Bulgaria	649	643	674	26
喀麦隆	Cameroon	1579	1637	1696	14
智利	Chile	1226	1244	1268	17
中国	China	118899	122800	127024	1
哥斯达黎加	Costa Rica	446	433	431	29
捷克共和国	Czech Republic	785	794	796	21

国家与地区	Countries and Regions	2015	2016	2017	2017 年排名 Rank of 2017
厄瓜多尔	Ecuador	1632	1729	1745	13
埃及	Egypt	2611	2880	2966	11
加纳	Ghana	2796	2908	3025	10
希腊	Greece	920	942	956	18
匈牙利	Hungary	666	682	685	25
以色列	Israel	696	702	711	23
哈萨克斯坦	Kazakhstan	1450	1471	1489	15
韩国	Korea, Republic of	3129	3120	3083	9
立陶宛	Lithuania	185	194	196	34
马来西亚	Malaysia	3259	3276	3399	7
摩尔多瓦	Moldova, Republic of	196	194	200	33
蒙古国	Mongolia	213	196	220	32
新西兰	New Zealand	378	389	400	30
巴拿马	Panama	334	334	346	31
菲律宾	Philippines	5326	6299	6290	5
波兰	Poland	2321	2387	2371	12
葡萄牙	Portugal	788	816	848	19
罗马尼亚	Romania	1248	1271	1298	16
俄罗斯联邦	Russian Federation	11004	10840	11048	2
斯洛伐克	Slovakia	454	466	465	28
斯洛文尼亚	Slovenia	129	133	132	36
斯里兰卡	Sri Lanka	895	851	806	20
土耳其	Turkey	4986	5166	5425	6
乌克兰	Ukraine	3079	3118	3095	8
越南	Viet Nam	9110	9208	9358	4

3.3.6 "一带一路"样本国家的工艺及相关行业工人数量

The number of craft and related trades workers in "the Belt and Road" sample countries

资料来源:国际劳工组织数据库

Source: ILO Database

单位:千人(1000 persons)

国家与地区	Countries and Regions	2015	2016	2017	2017 年排名 Rank of 2017
世界	World	1239540	1239709	1241032	
亚美尼亚	Armenia	471	450	442	29
奥地利	Austria	526	529	509	27
阿塞拜疆	Azerbaijan	2100	2144	2178	18
孟加拉国	Bangladesh	31747	31518	32904	2
白俄罗斯	Belarus	526	531	529	25
保加利亚	Bulgaria	426	421	458	28
喀麦隆	Cameroon	5229	5372	5526	8

续表

国家与地区	Countries and Regions	2015	2016	2017	2017 年排名 Rank of 2017
智利	Chile	2263	2280	2207	17
中国	China	294709	289219	284062	1
哥斯达黎加	Costa Rica	600	607	613	22
捷克共和国	Czech Republic	347	359	350	31
厄瓜多尔	Ecuador	2846	3064	3333	12
埃及	Egypt	6853	6881	7407	7
加纳	Ghana	3918	3969	3981	10
希腊	Greece	741	728	748	21
匈牙利	Hungary	562	602	605	23
以色列	Israel	259	259	264	33
哈萨克斯坦	Kazakhstan	2208	2132	2056	19
韩国	Korea, Republic of	4705	4655	4754	9
立陶宛	Lithuania	200	204	199	35
马来西亚	Malaysia	2948	2801	2830	14
摩尔多瓦	Moldova, Republic of	575	545	523	26
蒙古国	Mongolia	431	437	433	30
新西兰	New Zealand	261	267	270	32
巴拿马	Panama	525	548	548	24
菲律宾	Philippines	18631	17313	16546	4
波兰	Poland	2944	2775	2760	15
葡萄牙	Portugal	834	792	797	20
罗马尼亚	Romania	2656	2451	2482	16
俄罗斯联邦	Russian Federation	8112	8589	7590	6
斯洛伐克	Slovakia	235	246	245	34
斯洛文尼亚	Slovenia	112	93	105	36
斯里兰卡	Sri Lanka	3260	3219	3178	13
土耳其	Turkey	8267	8269	8445	5
乌克兰	Ukraine	3642	3664	3718	11
越南	Viet Nam	27628	26725	26270	3

3.3.7 "一带一路"样本国家的工厂机械操作员与装配工数量

The number of plant and machine operators and assemblers in "the Belt and Road"
sample countries

资料来源:国际劳工组织数据库

Source: ILO Database

单位:千人(1000 persons)

国家与地区	Countries and Regions	2015	2016	2017	2017 年排名 Rank of 2017
世界	World	395571	397039	403304	
亚美尼亚	Armenia	108	104	106	36
奥地利	Austria	571	561	556	23

续表

国家与地区	Countries and Regions	2015	2016	2017	2017 年排名 Rank of 2017
阿塞拜疆	Azerbaijan	325	331	336	27
孟加拉国	Bangladesh	9377	10138	11323	2
白俄罗斯	Belarus	804	782	751	20
保加利亚	Bulgaria	400	398	419	24
喀麦隆	Cameroon	1084	1103	1129	16
智利	Chile	1174	1159	1186	15
中国	China	113209	111734	111180	1
哥斯达黎加	Costa Rica	229	224	231	30
捷克共和国	Czech Republic	878	881	877	19
厄瓜多尔	Ecuador	943	924	969	18
埃及	Egypt	4505	4572	4921	5
加纳	Ghana	2027	2050	2127	11
希腊	Greece	372	381	381	26
匈牙利	Hungary	647	646	666	21
以色列	Israel	297	300	314	28
哈萨克斯坦	Kazakhstan	995	998	998	17
韩国	Korea, Republic of	2379	2400	2385	9
立陶宛	Lithuania	188	194	197	32
马来西亚	Malaysia	1613	1620	1632	12
摩尔多瓦	Moldova, Republic of	170	158	155	33
蒙古国	Mongolia	130	119	129	35
新西兰	New Zealand	218	224	229	31
巴拿马	Panama	251	252	267	29
菲律宾	Philippines	2803	3250	3314	7
波兰	Poland	2548	2669	2702	8
葡萄牙	Portugal	575	590	628	22
罗马尼亚	Romania	1360	1414	1480	13
俄罗斯联邦	Russian Federation	9283	9165	9291	3
斯洛伐克	Slovakia	385	399	401	25
斯洛文尼亚	Slovenia	130	136	138	34
斯里兰卡	Sri Lanka	1353	1351	1340	14
土耳其	Turkey	3659	3718	3882	6
乌克兰	Ukraine	2308	2220	2195	10
越南	Viet Nam	6621	7094	7358	4

3.3.8 "一带一路"样本国家的初级和技能的农业、林业和渔业工人数量

The number of primary and skilled agricultural, forestry and fishery workers in "the Belt and Road" sample countries

资料来源:国际劳工组织数据库

Source: ILO Database

单位:千人(1000 persons)

国家与地区	Countries and Regions	2015	2016	2017	2017 年排名 Rank of 2017
世界	World	262889	264500	265309	
亚美尼亚	Armenia	61	55	55	36
奥地利	Austria	243	234	233	27
阿塞拜疆	Azerbaijan	322	328	333	25
孟加拉国	Bangladesh	4451	4734	4543	4
白俄罗斯	Belarus	655	643	677	16
保加利亚	Bulgaria	388	394	415	22
喀麦隆	Cameroon	406	423	438	21
智利	Chile	738	755	764	13
中国	China	94421	93147	90307	1
哥斯达黎加	Costa Rica	155	148	158	30
捷克共和国	Czech Republic	693	712	726	14
厄瓜多尔	Ecuador	556	549	564	19
埃及	Egypt	2696	2984	3008	6
加纳	Ghana	423	438	464	20
希腊	Greece	223	237	261	26
匈牙利	Hungary	568	623	652	18
以色列	Israel	204	207	217	28
哈萨克斯坦	Kazakhstan	692	683	671	17
韩国	Korea, Republic of	3194	3202	3171	5
立陶宛	Lithuania	153	148	154	31
马来西亚	Malaysia	1620	1722	1711	11
摩尔多瓦	Moldova, Republic of	88	90	96	35
蒙古国	Mongolia	105	96	107	33
新西兰	New Zealand	186	188	193	29
巴拿马	Panama	131	131	153	32
菲律宾	Philippines	2255	2456	2646	8
波兰	Poland	1707	1802	1842	10
葡萄牙	Portugal	405	403	412	23
罗马尼亚	Romania	922	945	1004	12
俄罗斯联邦	Russian Federation	8929	8899	8881	2
斯洛伐克	Slovakia	366	372	380	24
斯洛文尼亚	Slovenia	87	91	99	34
斯里兰卡	Sri Lanka	684	704	725	15

国家与地区	Countries and Regions	2015	2016	2017	2017 年排名 Rank of 2017
土耳其	Turkey	2443	2540	2701	7
乌克兰	Ukraine	2116	2077	2026	9
越南	Viet Nam	4686	5114	5378	3

3.3.9 "一带一路"样本国家的管理人员比率

The ratio of managers in "the Belt and Road" sample countries

资料来源:国际劳工组织数据库

Source: ILO Database

单位:%(percent)

国家与地区	Countries and Regions	2015	2016	2017	2017 年排名 Rank of 2017
世界	World	4.7	4.7	4.7	22
亚美尼亚	Armenia	6.8	6.0	6.2	15
奥地利	Austria	4.7	4.6	4.8	20
阿塞拜疆	Azerbaijan	1.3	1.3	1.3	34
孟加拉国	Bangladesh	1.6	1.9	1.6	31
白俄罗斯	Belarus	10.2	9.7	9.4	5
保加利亚	Bulgaria	6.0	6.1	5.8	17
喀麦隆	Cameroon	3.0	3.0	3.0	27
智利	Chile	2.4	2.2	2.2	29
中国	China	3.4	3.5	3.6	26
哥斯达黎加	Costa Rica	1.8	1.6	1.4	32
捷克共和国	Czech Republic	5.5	5.3	4.8	20
厄瓜多尔	Ecuador	1.3	1.3	1.1	37
埃及	Egypt	14.0	13.1	11.8	3
加纳	Ghana	1.4	1.4	1.4	32
希腊	Greece	3.2	2.8	2.5	28
匈牙利	Hungary	4.7	4.7	4.6	23
以色列	Israel	10.9	11.3	10.6	4
哈萨克斯坦	Kazakhstan	5.3	5.3	5.3	18
韩国	Korea, Republic of	1.4	1.3	1.2	35
立陶宛	Lithuania	9.0	9.3	9.1	6
马来西亚	Malaysia	5.1	4.7	4.6	23
摩尔多瓦	Moldova, Republic of	6.7	7.0	6.6	11
蒙古国	Mongolia	6.6	6.5	6.6	11
新西兰	New Zealand	13.7	13.7	13.7	2
巴拿马	Panama	5.9	6.5	5.9	16
菲律宾	Philippines	16.3	17.0	16.1	1
波兰	Poland	6.3	6.4	6.3	13
葡萄牙	Portugal	6.6	6.6	6.3	13
罗马尼亚	Romania	2.2	2.2	1.9	30

国家与地区	Countries and Regions	2015	2016	2017	2017 年排名 Rank of 2017
俄罗斯联邦	Russian Federation	6.9	7.0	6.8	10
斯洛伐克	Slovakia	4.8	4.5	4.5	25
斯洛文尼亚	Slovenia	8.0	7.7	7.6	7
斯里兰卡	Sri Lanka	5.3	6.0	6.9	9
土耳其	Turkey	5.2	5.2	5.0	19
乌克兰	Ukraine	7.9	7.7	7.6	7
越南	Viet Nam	1.1	1.0	1.2	35

3.3.10 "一带一路"样本国家的专业人员比率

The ratio of professionals in "the Belt and Road" sample countries

资料来源:国际劳工组织数据库

Source: ILO Database

单位:%(percent)

国家与地区	Countries and Regions	2015	2016	2017	2017 年排名 Rank of 2017
世界	World	8.8	9.0	9.2	29
亚美尼亚	Armenia	13.0	14.3	14.4	19
奥地利	Austria	16.5	17.1	17.6	13
阿塞拜疆	Azerbaijan	12.8	12.7	12.7	21
孟加拉国	Bangladesh	4.8	5.0	4.8	37
白俄罗斯	Belarus	17.9	18.8	18.4	9
保加利亚	Bulgaria	17.1	17.1	16.2	14
喀麦隆	Cameroon	5.2	5.3	5.4	35
智利	Chile	11.3	11.6	11.8	25
中国	China	6.6	7.0	7.3	32
哥斯达黎加	Costa Rica	11.9	11.1	12.1	24
捷克共和国	Czech Republic	15.2	15.4	15.4	16
厄瓜多尔	Ecuador	8.0	8.2	7.5	31
埃及	Egypt	12.1	10.9	11.3	26
加纳	Ghana	8.1	8.4	8.6	30
希腊	Greece	18.9	19.6	19.8	6
匈牙利	Hungary	15.7	15.2	14.8	17
以色列	Israel	26.6	26.8	27.5	1
哈萨克斯坦	Kazakhstan	17.0	17.5	17.9	11
韩国	Korea, Republic of	20.0	20.2	20.5	5
立陶宛	Lithuania	23.3	23.5	23.3	3
马来西亚	Malaysia	10.4	12.4	12.6	22
摩尔多瓦	Moldova, Republic of	13.8	13.8	14.0	20
蒙古国	Mongolia	15.3	16.0	14.7	18
新西兰	New Zealand	18.9	19.2	19.5	8
巴拿马	Panama	10.9	10.8	10.9	27

续表

国家与地区	Countries and Regions	2015	2016	2017	2017 年排名 Rank of 2017
菲律宾	Philippines	5.2	5.1	5.3	36
波兰	Poland	19.4	19.1	19.6	7
葡萄牙	Portugal	17.9	18.0	18.4	9
罗马尼亚	Romania	14.9	15.4	15.5	15
俄罗斯联邦	Russian Federation	24.1	23.8	24.3	2
斯洛伐克	Slovakia	11.8	11.8	12.5	23
斯洛文尼亚	Slovenia	22.4	22.5	22.3	4
斯里兰卡	Sri Lanka	6.7	6.7	6.8	34
土耳其	Turkey	9.7	10.2	10.2	28
乌克兰	Ukraine	17.7	17.9	17.9	11
越南	Viet Nam	6.5	6.9	7.2	33

3.3.11 "一带一路"样本国家的技术人员比率

The ratio of technical personnel in "the Belt and Road" sample countries

资料来源:国际劳工组织数据库

Source: ILO Database

单位:%(percent)

国家与地区	Countries and Regions	2015	2016	2017	2017 年排名 Rank of 2017
世界	World	7.0	7.0	7.1	25
亚美尼亚	Armenia	9.9	9.6	9.7	17
奥地利	Austria	19.5	19.2	19.3	1
阿塞拜疆	Azerbaijan	9.4	9.4	9.4	21
孟加拉国	Bangladesh	1.9	1.9	1.9	37
白俄罗斯	Belarus	11.6	11.5	11.9	13
保加利亚	Bulgaria	9.4	9.5	9.6	19
喀麦隆	Cameroon	2.9	2.9	2.9	34
智利	Chile	11.1	10.9	12.0	11
中国	China	5.3	5.5	5.7	30
哥斯达黎加	Costa Rica	9.9	9.5	9.7	17
捷克共和国	Czech Republic	17.0	17.3	17.9	2
厄瓜多尔	Ecuador	4.5	4.6	4.6	31
埃及	Egypt	7.9	8.9	7.2	24
加纳	Ghana	2.2	2.2	2.2	36
希腊	Greece	8.3	8.3	8.1	22
匈牙利	Hungary	14.6	14.6	15.1	5
以色列	Israel	13.9	13.9	13.8	6
哈萨克斯坦	Kazakhstan	11.4	11.7	12.0	11
韩国	Korea,Republic of	16.9	17.2	17.4	3
立陶宛	Lithuania	9.7	9.5	9.5	20
马来西亚	Malaysia	10.0	10.3	10.4	16
摩尔多瓦	Moldova,Republic of	6.5	6.3	6.7	27

续表

国家与地区	Countries and Regions	2015	2016	2017	2017 年排名 Rank of 2017
蒙古国	Mongolia	2.8	2.5	2.6	35
新西兰	New Zealand	12.4	12.4	12.4	10
巴拿马	Panama	8.1	8.3	7.9	23
菲律宾	Philippines	2.7	3.3	3.8	32
波兰	Poland	12.4	12.9	13.2	8
葡萄牙	Portugal	11.4	11.9	11.6	14
罗马尼亚	Romania	5.8	6.0	6.1	28
俄罗斯联邦	Russian Federation	13.2	13.0	13.2	8
斯洛伐克	Slovakia	15.4	15.3	15.2	4
斯洛文尼亚	Slovenia	12.2	13.1	13.7	7
斯里兰卡	Sri Lanka	6.2	6.5	6.8	26
土耳其	Turkey	5.6	5.6	5.8	29
乌克兰	Ukraine	12.0	11.7	11.3	15
越南	Viet Nam	3.2	3.1	3.3	33

3.3.12 "一带一路"样本国家的办事人员比率

The ratio of clerical staff in "the Belt and Road" sample countries

资料来源:国际劳工组织数据库

Source: ILO Database

单位:%(percent)

国家与地区	Countries and Regions	2015	2016	2017	2017 年排名 Rank of 2017
世界	World	5.0	5.0	5.0	20
亚美尼亚	Armenia	3.1	2.9	3.0	30
奥地利	Austria	10.3	10.0	9.7	5
阿塞拜疆	Azerbaijan	4.9	4.8	4.7	21
孟加拉国	Bangladesh	1.6	1.5	1.5	37
白俄罗斯	Belarus	4.7	4.8	4.3	24
保加利亚	Bulgaria	6.2	6.0	6.2	15
喀麦隆	Cameroon	2.2	2.2	2.2	34
智利	Chile	9.2	9.4	9.0	8
中国	China	3.6	3.6	3.6	26
哥斯达黎加	Costa Rica	8.3	8.9	9.2	6
捷克共和国	Czech Republic	9.2	9.3	9.8	4
厄瓜多尔	Ecuador	4.8	3.9	3.3	27
埃及	Egypt	2.8	2.6	3.1	29
加纳	Ghana	1.9	1.9	1.9	35
希腊	Greece	10.6	10.6	10.8	2
匈牙利	Hungary	7.8	7.8	7.5	11
以色列	Israel	7.4	7.4	7.3	12
哈萨克斯坦	Kazakhstan	5.4	5.6	5.9	18
韩国	Korea,Republic of	10.6	10.7	10.8	2

国家与地区	Countries and Regions	2015	2016	2017	2017 年排名 Rank of 2017
立陶宛	Lithuania	4.2	4.2	4.5	22
马来西亚	Malaysia	8.8	8.2	8.2	9
摩尔多瓦	Republic of Moldova	2.4	2.5	2.5	33
蒙古国	Mongolia	3.1	3.0	2.8	32
新西兰	New Zealand	11.3	11.2	11.1	1
巴拿马	Panama	6.3	5.9	6.1	17
菲律宾	Philippines	6.5	5.7	5.7	19
波兰	Poland	6.2	6.2	6.2	15
葡萄牙	Portugal	7.6	7.6	7.8	10
罗马尼亚	Romania	4.4	4.4	4.5	22
俄罗斯联邦	Russian Federation	3.2	3.1	3.2	28
斯洛伐克	Slovakia	8.7	9.1	9.2	6
斯洛文尼亚	Slovenia	7.8	7.6	7.3	12
斯里兰卡	Sri Lanka	4.2	4.1	4.0	25
土耳其	Turkey	6.9	7.2	7.0	14
乌克兰	Ukraine	3.2	3.0	3.0	30
越南	Viet Nam	1.8	1.9	1.8	36

3.3.13 "一带一路"样本国家的服务与销售人员比率

The ratio of service and sales staff in "the Belt and Road" sample countries

资料来源：国际劳工组织数据库

Source: ILO Database

单位：%（percent）

国家与地区	Countries and Regions	2015	2016	2017	2017 年排名 Rank of 2017
世界	World	15.1	15.4	15.7	21
亚美尼亚	Armenia	11.2	13.3	13.6	31
奥地利	Austria	17.3	18.1	18.3	9
阿塞拜疆	Azerbaijan	12.2	12.2	12.2	34
孟加拉国	Bangladesh	16.0	15.6	16.5	19
白俄罗斯	Belarus	14.3	14.5	14.9	27
保加利亚	Bulgaria	21.4	21.2	21.3	5
喀麦隆	Cameroon	16.5	16.6	16.7	16
智利	Chile	15.0	15.1	15.2	24
中国	China	15.5	16.0	16.6	18
哥斯达黎加	Costa Rica	21.2	21.1	20.3	6
捷克共和国	Czech Republic	15.4	15.3	15.1	25
厄瓜多尔	Ecuador	22.2	22.6	22.0	4
埃及	Egypt	9.9	10.7	10.8	36
加纳	Ghana	26.4	26.7	27.1	1
希腊	Greece	24.1	24.2	24.0	2

续表

国家与地区	Countries and Regions	2015	2016	2017	2017 年排名 Rank of 2017
匈牙利	Hungary	15.6	15.4	15.3	23
以色列	Israel	19.7	19.4	19.3	7
哈萨克斯坦	Kazakhstan	16.6	16.7	16.8	15
韩国	Korea,Republic of	11.9	11.8	11.5	35
立陶宛	Lithuania	13.7	14.0	14.1	30
马来西亚	Malaysia	22.7	22.4	22.8	3
摩尔多瓦	Moldova,Republic of	13.5	13.8	14.5	29
蒙古国	Mongolia	17.5	16.6	18.2	11
新西兰	New Zealand	15.8	15.8	15.9	20
巴拿马	Panama	18.5	18.1	18.2	11
菲律宾	Philippines	12.8	14.8	15.1	25
波兰	Poland	13.6	13.7	13.4	33
葡萄牙	Portugal	17.2	17.6	17.7	13
罗马尼亚	Romania	14.7	15.1	14.9	27
俄罗斯联邦	Russian Federation	15.5	15.3	15.7	21
斯洛伐克	Slovakia	18.7	18.6	18.3	9
斯洛文尼亚	Slovenia	14.0	14.4	13.6	31
斯里兰卡	Sri Lanka	11.2	10.7	10.1	37
土耳其	Turkey	18.7	18.8	19.1	8
乌克兰	Ukraine	16.4	16.8	16.9	14
越南	Viet Nam	16.6	16.7	16.7	16

3.3.14 "一带一路"样本国家的工艺及相关行业工人比率

The ratio of craft and related trades workers in "the Belt and Road" sample countries

资料来源:国际劳工组织数据库

Source: ILO Database

单位:%(percent)

国家与地区	Countries and Regions	2015	2016	2017	2017 年排名 Rank of 2017
世界	World	38.9	38.4	38.0	9
亚美尼亚	Armenia	41.2	39.8	39.1	8
奥地利	Austria	12.5	12.5	11.9	30
阿塞拜疆	Azerbaijan	45.5	45.6	45.7	4
孟加拉国	Bangladesh	51.7	50.4	49.7	2
白俄罗斯	Belarus	10.9	11.1	11.1	31
保加利亚	Bulgaria	14.0	13.9	14.5	27
喀麦隆	Cameroon	54.6	54.5	54.3	1
智利	Chile	27.6	27.7	26.4	19
中国	China	38.4	37.7	37.0	11
哥斯达黎加	Costa Rica	28.6	29.6	28.9	15
捷克共和国	Czech Republic	6.8	6.9	6.6	37

国家与地区	Countries and Regions	2015	2016	2017	2017 年排名 Rank of 2017
厄瓜多尔	Ecuador	38.7	40.1	42.1	5
埃及	Egypt	26.0	25.6	26.9	18
加纳	Ghana	37.0	36.5	35.6	13
希腊	Greece	19.4	18.7	18.8	23
匈牙利	Hungary	13.2	13.6	13.5	29
以色列	Israel	7.3	7.2	7.2	36
哈萨克斯坦	Kazakhstan	25.2	24.2	23.2	20
韩国	Korea，Republic of	17.9	17.6	17.8	24
立陶宛	Lithuania	14.8	14.8	14.3	28
马来西亚	Malaysia	20.5	19.2	19.0	22
摩尔多瓦	Moldova，Republic of	39.5	38.9	37.8	10
蒙古国	Mongolia	35.4	37.1	35.7	12
新西兰	New Zealand	10.9	10.9	10.7	34
巴拿马	Panama	29.1	29.7	28.8	16
菲律宾	Philippines	44.6	40.7	39.7	6
波兰	Poland	17.2	16.0	15.6	26
葡萄牙	Portugal	18.1	17.0	16.6	25
罗马尼亚	Romania	31.2	29.0	28.5	17
俄罗斯联邦	Russian Federation	11.5	12.2	10.8	33
斯洛伐克	Slovakia	9.7	9.8	9.6	35
斯洛文尼亚	Slovenia	12.2	10.1	10.9	32
斯里兰卡	Sri Lanka	40.9	40.3	39.7	6
土耳其	Turkey	31.0	30.2	29.7	14
乌克兰	Ukraine	19.4	19.7	20.3	21
越南	Viet Nam	50.3	48.4	47.0	3

3.3.15 "一带一路"样本国家的工厂机械操作员与装配工比率

The ratio of plant and machine operators and assemblers in "the Belt and Road" sample countries

资料来源：国际劳工组织数据库

Source: ILO Database

单位：%（percent）

国家与地区	Countries and Regions	2015	2016	2017	2017 年排名 Rank of 2017
世界	World	12.4	12.3	12.3	22
亚美尼亚	Armenia	9.5	9.2	9.4	32
奥地利	Austria	13.5	13.2	13.0	21
阿塞拜疆	Azerbaijan	7.0	7.0	7.1	37
孟加拉国	Bangladesh	15.3	16.2	17.1	3
白俄罗斯	Belarus	16.7	16.3	15.8	7
保加利亚	Bulgaria	13.2	13.2	13.3	17
喀麦隆	Cameroon	11.3	11.2	11.1	27

续表

国家与地区	Countries and Regions	2015	2016	2017	2017 年排名 Rank of 2017
智利	Chile	14.4	14.1	14.2	13
中国	China	14.8	14.6	14.5	11
哥斯达黎加	Costa Rica	10.9	10.9	10.9	29
捷克共和国	Czech Republic	17.2	17.0	16.6	6
厄瓜多尔	Ecuador	12.8	12.1	12.2	23
埃及	Egypt	17.1	17.0	17.9	2
加纳	Ghana	19.1	18.8	19.0	1
希腊	Greece	9.7	9.8	9.6	31
匈牙利	Hungary	15.1	14.6	14.8	10
以色列	Israel	8.4	8.3	8.5	35
哈萨克斯坦	Kazakhstan	11.4	11.3	11.3	25
韩国	Korea, Republic of	9.1	9.1	8.9	34
立陶宛	Lithuania	14.0	14.0	14.1	14
马来西亚	Malaysia	11.2	11.1	11.0	28
摩尔多瓦	Moldova, Republic of	11.7	11.3	11.2	26
蒙古国	Mongolia	10.7	10.1	10.6	30
新西兰	New Zealand	9.1	9.1	9.1	33
巴拿马	Panama	13.9	13.7	14.1	14
菲律宾	Philippines	6.7	7.6	8.0	36
波兰	Poland	14.9	15.4	15.3	9
葡萄牙	Portugal	12.5	12.7	13.1	20
罗马尼亚	Romania	16.0	16.8	17.0	4
俄罗斯联邦	Russian Federation	13.1	13.0	13.2	18
斯洛伐克	Slovakia	15.8	16.0	15.8	7
斯洛文尼亚	Slovenia	14.1	14.8	14.3	12
斯里兰卡	Sri Lanka	17.0	16.9	16.7	5
土耳其	Turkey	13.7	13.6	13.7	16
乌克兰	Ukraine	12.3	12.0	12.0	24
越南	Viet Nam	12.0	12.8	13.2	18

3.3.16 "一带一路"样本国家的初级和技能的农业、林业和渔业工人比率

The ratio of primary and skilled agricultural, forestry and fishery workers in "the Belt and Road" sample countries

资料来源:国际劳工组织数据库

Source: ILO Database

单位:%(percent)

国家与地区	Countries and Regions	2015	2016	2017	2017 年排名 Rank of 2017
世界	World	8.2	8.2	8.1	22
亚美尼亚	Armenia	5.3	4.9	4.9	35
奥地利	Austria	5.7	5.5	5.4	34

国家与地区	Countries and Regions	2015	2016	2017	2017 年排名 Rank of 2017
阿塞拜疆	Azerbaijan	7.0	7.0	7.0	28
孟加拉国	Bangladesh	7.3	7.6	6.9	29
白俄罗斯	Belarus	13.6	13.4	14.2	3
保加利亚	Bulgaria	12.8	13.0	13.1	5
喀麦隆	Cameroon	4.2	4.3	4.3	36
智利	Chile	9.0	9.2	9.2	18
中国	China	12.3	12.1	11.8	8
哥斯达黎加	Costa Rica	7.4	7.2	7.5	26
捷克共和国	Czech Republic	13.6	13.7	13.8	4
厄瓜多尔	Ecuador	7.6	7.2	7.1	27
埃及	Egypt	10.2	11.1	10.9	13
加纳	Ghana	4.0	4.0	4.2	37
希腊	Greece	5.9	6.1	6.6	31
匈牙利	Hungary	13.3	14.1	14.5	2
以色列	Israel	5.8	5.7	5.9	33
哈萨克斯坦	Kazakhstan	7.9	7.8	7.6	24
韩国	Korea, Republic of	12.2	12.1	11.9	7
立陶宛	Lithuania	11.3	10.7	11.1	11
马来西亚	Malaysia	11.3	11.8	11.5	10
摩尔多瓦	Moldova, Republic of	6.0	6.4	6.9	29
蒙古国	Mongolia	8.6	8.2	8.8	20
新西兰	New Zealand	7.8	7.7	7.6	24
巴拿马	Panama	7.3	7.1	8.1	22
菲律宾	Philippines	5.4	5.8	6.3	32
波兰	Poland	10.0	10.4	10.4	14
葡萄牙	Portugal	8.8	8.7	8.6	21
罗马尼亚	Romania	10.8	11.2	11.6	9
俄罗斯联邦	Russian Federation	12.6	12.6	12.7	6
斯洛伐克	Slovakia	15.0	14.9	15.0	1
斯洛文尼亚	Slovenia	9.4	9.9	10.3	15
斯里兰卡	Sri Lanka	8.6	8.8	9.1	19
土耳其	Turkey	9.2	9.3	9.5	17
乌克兰	Ukraine	11.3	11.2	11.1	11
越南	Viet Nam	8.5	9.3	9.6	16

3.4 "一带一路"样本国家的就业人口地位分布
Distribution of employment status in "the Belt and Road" sample countries

3.4.1 "一带一路"样本国家的雇员数量
The number of employees in "the Belt and Road" sample countries

资料来源:国际劳工组织数据库

Source: ILO Database

单位:千人(1000 persons)

国家与地区	Countries and Regions	2015	2016	2017	2017 年排名 Rank of 2017
世界	World	1641701	1667023	1695836	
亚美尼亚	Armenia	654	657	660	35
奥地利	Austria	3674	3710	3751	21
阿塞拜疆	Azerbaijan	1485	1496	1508	30
孟加拉国	Bangladesh	24100	24642	26156	3
白俄罗斯	Belarus	4616	4598	4550	16
保加利亚	Bulgaria	2673	2672	2786	24
喀麦隆	Cameroon	2172	2252	2337	26
智利	Chile	5983	5953	5955	14
中国	China	393468	398094	403087	1
哥斯达黎加	Costa Rica	1589	1570	1604	29
捷克共和国	Czech Republic	4211	4305	4372	17
厄瓜多尔	Ecuador	4055	3930	4013	19
埃及	Egypt	16501	18574	18709	8
加纳	Ghana	2602	2694	2810	23
希腊	Greece	2486	2566	2631	25
匈牙利	Hungary	3812	3944	4027	18
以色列	Israel	3113	3150	3228	22
哈萨克斯坦	Kazakhstan	6400	6427	6451	12
韩国	Korea, Republic of	19439	19708	19943	6
立陶宛	Lithuania	1183	1213	1226	32
马来西亚	Malaysia	10621	10863	11103	11
摩尔多瓦	Moldova, Republic of	919	884	904	33
蒙古国	Mongolia	600	609	605	36
新西兰	New Zealand	2035	2018	2053	28
巴拿马	Panama	1194	1185	1234	31
菲律宾	Philippines	24839	26078	25943	4
波兰	Poland	13451	13776	14060	10
葡萄牙	Portugal	3749	3826	3987	20
罗马尼亚	Romania	6044	6197	6409	13
俄罗斯联邦	Russian Federation	65748	65394	65546	2

国家与地区	Countries and Regions	2015	2016	2017	2017 年排名 Rank of 2017
斯洛伐克	Slovakia	2063	2116	2153	27
斯洛文尼亚	Slovenia	772	792	825	34
斯里兰卡	Sri Lanka	4533	4580	4620	15
土耳其	Turkey	17905	18521	19119	7
乌克兰	Ukraine	15815	15657	15453	9
越南	Viet Nam	21628	22790	23949	5

3.4.2　"一带一路"样本国家的雇主数量

The number of employers in "the Belt and Road" sample countries

资料来源：国际劳工组织数据库

Source: ILO Database

单位：千人（1000 persons）

国家与地区	Countries and Regions	2015	2016	2017	2017 年排名 Rank of 2017
世界	World	92353	93542	95974	
亚美尼亚	Armenia	10	12	12	34
奥地利	Austria	190	193	199	20
阿塞拜疆	Azerbaijan	570	618	628	10
孟加拉国	Bangladesh	1160	1708	2956	2
白俄罗斯	Belarus	38	38	42	31
保加利亚	Bulgaria	109	108	115	26
喀麦隆	Cameroon	296	305	315	14
智利	Chile	340	335	372	13
中国	China	23109	23298	23510	1
哥斯达黎加	Costa Rica	66	77	86	28
捷克共和国	Czech Republic	180	163	165	21
厄瓜多尔	Ecuador	238	252	236	17
埃及	Egypt	3149	2794	2853	3
加纳	Ghana	587	606	630	9
希腊	Greece	263	288	292	15
匈牙利	Hungary	218	218	208	19
以色列	Israel	140	153	152	24
哈萨克斯坦	Kazakhstan	118	119	119	25
韩国	Korea, Republic of	467	466	469	12
立陶宛	Lithuania	31	33	34	33
马来西亚	Malaysia	581	502	514	11
摩尔多瓦	Moldova, Republic of	7	8	5	36
蒙古国	Mongolia	16	17	12	34
新西兰	New Zealand	85	140	156	23
巴拿马	Panama	55	66	50	30
菲律宾	Philippines	1363	1415	1541	4

国家与地区	Countries and Regions	2015	2016	2017	2017 年排名 Rank of 2017
波兰	Poland	671	687	714	8
葡萄牙	Portugal	220	222	228	18
罗马尼亚	Romania	96	87	91	27
俄罗斯联邦	Russian Federation	912	907	944	7
斯洛伐克	Slovakia	76	80	81	29
斯洛文尼亚	Slovenia	33	34	37	32
斯里兰卡	Sri Lanka	227	234	241	16
土耳其	Turkey	1179	1248	1290	5
乌克兰	Ukraine	231	216	160	22
越南	Viet Nam	1595	1566	1137	6

3.4.3 "一带一路"样本国家的自雇人员数量

The number of self-employed people in "the Belt and Road" sample countries

资料来源:国际劳工组织数据库

Source: ILO Database

单位:千人(1000 persons)

国家与地区	Countries and Regions	2015	2016	2017	2017 年排名 Rank of 2017
世界	World	1084160	1097205	1114115	
亚美尼亚	Armenia	395	395	393	26
奥地利	Austria	290	283	268	31
阿塞拜疆	Azerbaijan	1000	1018	1036	19
孟加拉国	Bangladesh	26474	27116	29253	2
白俄罗斯	Belarus	155	155	164	34
保加利亚	Bulgaria	237	229	236	33
喀麦隆	Cameroon	5721	5897	6080	6
智利	Chile	1599	1685	1755	17
中国	China	249219	248399	247076	1
哥斯达黎加	Costa Rica	391	358	387	27
捷克共和国	Czech Republic	673	701	713	21
厄瓜多尔	Ecuador	2324	2545	2668	12
埃及	Egypt	3378	3217	3525	9
加纳	Ghana	6348	6514	6677	5
希腊	Greece	906	887	911	20
匈牙利	Hungary	234	243	243	32
以色列	Israel	279	305	303	29
哈萨克斯坦	Kazakhstan	2235	2256	2272	16
韩国	Korea, Republic of	5176	5167	5220	7
立陶宛	Lithuania	119	125	121	35
马来西亚	Malaysia	2530	2601	2635	13
摩尔多瓦	Moldova, Republic of	466	446	426	25

续表

国家与地区	Countries and Regions	2015	2016	2017	2017 年排名 Rank of 2017
蒙古国	Mongolia	578	517	559	23
新西兰	New Zealand	247	277	292	30
巴拿马	Panama	474	504	528	24
菲律宾	Philippines	11542	11478	11579	4
波兰	Poland	2450	2454	2432	15
葡萄牙	Portugal	603	575	566	22
罗马尼亚	Romania	1556	1443	1486	18
俄罗斯联邦	Russian Federation	3930	4096	3437	10
斯洛伐克	Slovakia	289	303	304	28
斯洛文尼亚	Slovenia	82	75	77	36
斯里兰卡	Sri Lanka	2531	2521	2509	14
土耳其	Turkey	4474	4570	4854	8
乌克兰	Ukraine	2720	2640	2673	11
越南	Viet Nam	22313	22029	22090	3

3.4.4 "一带一路"样本国家的家庭就业人口数量

The number of family employed population in "the Belt and Road" sample countries

资料来源:国际劳工组织数据库

Source: ILO Database

单位:千人(1000 persons)

国家与地区	Countries and Regions	2015	2016	2017	2017 年排名 Rank of 2017
世界	World	370579	366954	364406	
亚美尼亚	Armenia	84	68	65	20
奥地利	Austria	68	64	63	21
阿塞拜疆	Azerbaijan	1562	1571	1596	7
孟加拉国	Bangladesh	9683	9073	7854	3
白俄罗斯	Belarus	1	1	1	36
保加利亚	Bulgaria	20	18	25	27
喀麦隆	Cameroon	1389	1412	1440	8
智利	Chile	263	273	266	16
中国	China	100986	97417	94063	1
哥斯达黎加	Costa Rica	53	46	42	24
捷克共和国	Czech Republic	31	27	25	27
厄瓜多尔	Ecuador	735	908	998	11
埃及	Egypt	3331	2256	2403	6
加纳	Ghana	1062	1067	1059	10
希腊	Greece	167	152	157	18
匈牙利	Hungary	12	13	13	31
以色列	Israel	3	3	3	34
哈萨克斯坦	Kazakhstan	10	10	10	33
韩国	Korea, Republic of	1146	1121	1104	9

续表

国家与地区	Countries and Regions	2015	2016	2017	2017 年排名 Rank of 2017
立陶宛	Lithuania	16	13	12	32
马来西亚	Malaysia	641	640	637	14
摩尔多瓦	Moldova, Republic of	63	65	52	22
蒙古国	Mongolia	23	34	37	25
新西兰	New Zealand	22	22	20	30
巴拿马	Panama	78	90	88	19
菲律宾	Philippines	4040	3570	2643	5
波兰	Poland	505	459	461	15
葡萄牙	Portugal	23	29	22	29
罗马尼亚	Romania	814	716	710	12
俄罗斯联邦	Russian Federation	257	284	261	17
斯洛伐克	Slovakia	4	3	2	35
斯洛文尼亚	Slovenia	37	22	27	26
斯里兰卡	Sri Lanka	682	658	640	13
土耳其	Turkey	3111	3078	3160	4
乌克兰	Ukraine	46	46	47	23
越南	Viet Nam	9441	8870	8715	2

3.4.5 "一带一路"样本国家的雇员比率

The ratio of employees in "the Belt and Road" sample countries

资料来源：国际劳工组织数据库

Source: ILO Database

单位：%(percent)

国家与地区	Countries and Regions	2015	2016	2017	2017 年排名 Rank of 2017
世界	World	51.5	51.7	51.9	30
亚美尼亚	Armenia	57.2	58.1	58.5	27
奥地利	Austria	87.0	87.3	87.6	6
阿塞拜疆	Azerbaijan	32.2	31.8	31.6	35
孟加拉国	Bangladesh	39.2	39.4	39.5	34
白俄罗斯	Belarus	96.0	95.9	95.6	1
保加利亚	Bulgaria	88.0	88.3	88.1	4
喀麦隆	Cameroon	22.7	22.8	23.0	37
智利	Chile	73.1	72.2	71.3	20
中国	China	51.3	51.9	52.5	29
哥斯达黎加	Costa Rica	75.7	76.6	75.7	15
捷克共和国	Czech Republic	82.7	82.8	82.9	12
厄瓜多尔	Ecuador	55.2	51.5	50.7	31
埃及	Egypt	62.6	69.2	68.1	21
加纳	Ghana	24.6	24.8	25.1	36
希腊	Greece	65.0	65.9	65.9	23

国家与地区	Countries and Regions	2015	2016	2017	2017 年排名 Rank of 2017
匈牙利	Hungary	89.2	89.3	89.7	3
以色列	Israel	88.1	87.2	87.6	6
哈萨克斯坦	Kazakhstan	73.0	72.9	72.9	19
韩国	Korea, Republic of	74.1	74.5	74.6	16
立陶宛	Lithuania	87.7	87.7	88.0	5
马来西亚	Malaysia	73.9	74.4	74.6	16
摩尔多瓦	Moldova, Republic of	63.1	63.0	65.2	24
蒙古国	Mongolia	49.3	51.7	49.9	32
新西兰	New Zealand	85.2	82.1	81.4	13
巴拿马	Panama	66.3	64.2	64.9	25
菲律宾	Philippines	59.5	61.3	62.2	26
波兰	Poland	78.8	79.3	79.6	14
葡萄牙	Portugal	81.6	82.2	83.0	11
罗马尼亚	Romania	71.0	73.4	73.7	18
俄罗斯联邦	Russian Federation	92.8	92.5	93.4	2
斯洛伐克	Slovakia	84.9	84.6	84.8	9
斯洛文尼亚	Slovenia	83.5	85.8	85.4	8
斯里兰卡	Sri Lanka	56.9	57.3	57.7	28
土耳其	Turkey	67.1	67.6	67.3	22
乌克兰	Ukraine	84.1	84.4	84.3	10
越南	Viet Nam	39.3	41.3	42.9	33

3.4.6 "一带一路"样本国家的雇主比率
The ratio of employers in "the Belt and Road" sample countries

资料来源:国际劳工组织数据库

Source: ILO Database

单位:%(percent)

国家与地区	Countries and Regions	2015	2016	2017	2017 年排名 Rank of 2017
世界	World	2.9	2.9	2.9	25
亚美尼亚	Armenia	0.9	1.0	1.1	32
奥地利	Austria	4.5	4.6	4.7	7
阿塞拜疆	Azerbaijan	12.4	13.1	13.2	1
孟加拉国	Bangladesh	1.9	2.7	4.5	9
白俄罗斯	Belarus	0.8	0.8	0.9	35
保加利亚	Bulgaria	3.6	3.6	3.7	16
喀麦隆	Cameroon	3.1	3.1	3.1	20
智利	Chile	4.2	4.1	4.5	9
中国	China	3.0	3.0	3.1	20
哥斯达黎加	Costa Rica	3.2	3.8	4.1	12
捷克共和国	Czech Republic	3.5	3.1	3.1	20

续表

国家与地区	Countries and Regions	2015	2016	2017	2017 年排名 Rank of 2017
厄瓜多尔	Ecuador	3.2	3.3	3.0	23
埃及	Egypt	12.0	10.4	10.4	2
加纳	Ghana	5.5	5.6	5.6	5
希腊	Greece	6.9	7.4	7.3	3
匈牙利	Hungary	5.1	4.9	4.6	8
以色列	Israel	4.0	4.2	4.1	12
哈萨克斯坦	Kazakhstan	1.4	1.4	1.4	30
韩国	Korea, Republic of	1.8	1.8	1.8	29
立陶宛	Lithuania	2.3	2.4	2.4	27
马来西亚	Malaysia	4.0	3.4	3.5	18
摩尔多瓦	Moldova, Republic of	0.5	0.6	0.3	37
蒙古国	Mongolia	1.3	1.5	1.0	34
新西兰	New Zealand	3.6	5.7	6.2	4
巴拿马	Panama	3.1	3.6	2.6	26
菲律宾	Philippines	3.3	3.3	3.7	16
波兰	Poland	3.9	4.0	4.0	14
葡萄牙	Portugal	4.8	4.8	4.8	6
罗马尼亚	Romania	1.1	1.0	1.1	32
俄罗斯联邦	Russian Federation	1.3	1.3	1.4	30
斯洛伐克	Slovakia	3.1	3.2	3.2	19
斯洛文尼亚	Slovenia	3.6	3.7	3.8	15
斯里兰卡	Sri Lanka	2.9	2.9	3.0	23
土耳其	Turkey	4.4	4.6	4.5	9
乌克兰	Ukraine	1.2	1.2	0.9	35
越南	Viet Nam	2.9	2.8	2.0	28

3.4.7 "一带一路"样本国家的自雇人员比率

The ratio of self-employed people in "the Belt and Road" sample countries

资料来源:国际劳工组织数据库

Source: ILO Database

单位:%(percent)

国家与地区	Countries and Regions	2015	2016	2017	2017 年排名 Rank of 2017
世界	World	34.0	34.0	34.1	7
亚美尼亚	Armenia	34.6	34.9	34.8	6
奥地利	Austria	6.9	6.7	6.3	34
阿塞拜疆	Azerbaijan	21.7	21.7	21.7	16
孟加拉国	Bangladesh	43.1	43.4	44.2	4
白俄罗斯	Belarus	3.2	3.2	3.5	37
保加利亚	Bulgaria	7.8	7.6	7.5	33
喀麦隆	Cameroon	59.7	59.8	59.8	1

续表

国家与地区	Countries and Regions	2015	2016	2017	2017 年排名 Rank of 2017
智利	Chile	19.5	20.4	21.0	17
中国	China	32.5	32.4	32.2	9
哥斯达黎加	Costa Rica	18.6	17.5	18.3	19
捷克共和国	Czech Republic	13.2	13.5	13.5	25
厄瓜多尔	Ecuador	31.6	33.3	33.7	8
埃及	Egypt	12.8	12.0	12.8	26
加纳	Ghana	59.9	59.9	59.7	2
希腊	Greece	23.7	22.8	22.8	15
匈牙利	Hungary	5.5	5.5	5.4	35
以色列	Israel	7.9	8.4	8.2	31
哈萨克斯坦	Kazakhstan	25.5	25.6	25.7	14
韩国	Korea, Republic of	19.7	19.5	19.5	18
立陶宛	Lithuania	8.8	9.1	8.7	30
马来西亚	Malaysia	17.6	17.8	17.7	20
摩尔多瓦	Moldova, Republic of	32.0	31.8	30.7	11
蒙古国	Mongolia	47.5	43.9	46.1	3
新西兰	New Zealand	10.3	11.3	11.6	29
巴拿马	Panama	26.3	27.3	27.8	12
菲律宾	Philippines	27.6	27.0	27.8	12
波兰	Poland	14.4	14.1	13.8	24
葡萄牙	Portugal	13.1	12.4	11.8	28
罗马尼亚	Romania	18.3	17.1	17.1	21
俄罗斯联邦	Russian Federation	5.6	5.8	4.9	36
斯洛伐克	Slovakia	11.9	12.1	12.0	27
斯洛文尼亚	Slovenia	8.9	8.2	8.0	32
斯里兰卡	Sri Lanka	31.8	31.5	31.3	10
土耳其	Turkey	16.8	16.7	17.1	21
乌克兰	Ukraine	14.5	14.2	14.6	23
越南	Viet Nam	40.6	39.9	39.5	5

3.4.8 "一带一路"样本国家的家庭就业人口比率

The ratio of family employed population in "the Belt and Road" sample countries

资料来源:国际劳工组织数据库

Source: ILO Database

单位:%(percent)

国家与地区	Countries and Regions	2015	2016	2017	2017 年排名 Rank of 2017
世界	World	11.6	11.4	11.1	7
亚美尼亚	Armenia	7.3	6.0	5.7	14
奥地利	Austria	1.6	1.5	1.5	25
阿塞拜疆	Azerbaijan	33.8	33.4	33.5	1
孟加拉国	Bangladesh	15.8	14.5	11.9	6

续表

国家与地区	Countries and Regions	2015	2016	2017	2017 年排名 Rank of 2017
白俄罗斯	Belarus	0.0	0.0	0.0	37
保加利亚	Bulgaria	0.7	0.6	0.8	27
喀麦隆	Cameroon	14.5	14.3	14.2	3
智利	Chile	3.2	3.3	3.2	20
中国	China	13.2	12.7	12.3	5
哥斯达黎加	Costa Rica	2.5	2.2	2.0	24
捷克共和国	Czech Republic	0.6	0.5	0.5	29
厄瓜多尔	Ecuador	10.0	11.9	12.6	4
埃及	Egypt	12.6	8.4	8.7	10
加纳	Ghana	10.0	9.8	9.5	9
希腊	Greece	4.4	3.9	3.9	18
匈牙利	Hungary	0.3	0.3	0.3	32
以色列	Israel	0.1	0.1	0.1	34
哈萨克斯坦	Kazakhstan	0.1	0.1	0.1	34
韩国	Korea, Republic of	4.4	4.2	4.1	17
立陶宛	Lithuania	1.2	0.9	0.9	26
马来西亚	Malaysia	4.5	4.4	4.3	16
摩尔多瓦	Moldova, Republic of	4.4	4.6	3.8	19
蒙古国	Mongolia	1.9	2.9	3.0	21
新西兰	New Zealand	0.9	0.9	0.8	27
巴拿马	Panama	4.4	4.9	4.7	15
菲律宾	Philippines	9.7	8.4	6.3	13
波兰	Poland	3.0	2.6	2.6	23
葡萄牙	Portugal	0.5	0.6	0.5	29
罗马尼亚	Romania	9.6	8.5	8.2	11
俄罗斯联邦	Russian Federation	0.4	0.4	0.4	31
斯洛伐克	Slovakia	0.2	0.1	0.1	34
斯洛文尼亚	Slovenia	4.0	2.4	2.8	22
斯里兰卡	Sri Lanka	8.6	8.2	8.0	12
土耳其	Turkey	11.7	11.2	11.1	7
乌克兰	Ukraine	0.3	0.3	0.3	32
越南	Viet Nam	17.2	16.1	15.6	2

第4章 "一带一路"国家的劳动力成本
Chapter 4 Labor costs in "the Belt and Road" countries

本章分析介绍一带一路样本国家的社会保险费率、工资总水平、不同行业雇员的月平均工资收入、不同职业雇员的月平均工资收入、不同行业雇员的小时平均劳动力成本等内容。

This chapter analyzes and introduces social insurance contribution rate, total wage level, monthly average wage income of employees in different industries, monthly average wage income of employees in different occupations, and hourly average labor cost of employees in different industries in "the Belt and Road" sample countries.

4.1 "一带一路"样本国家的社会保险费率与工资总水平
Social insurance rate and total wage level of "the Belt and Road" sample countries

4.1.1 "一带一路"样本国家的社会保险缴费总费率
The total rate of social insurance contributions in "the Belt and Road" sample countries

资料来源:国际社会保障协会数据库

Source: ISSA Database

单位:%(percent)

国家与地区	Countries and Regions	雇主缴费率 Employer contributed rate	雇员缴费率 Employee contributed rate	总缴费率 The total contribute rate	2017年总缴费率排名 Rank of total contribute rate in 2017
亚美尼亚	Armenia	0.00	5.00	5.00	33
奥地利	Austria	24.62	17.03	41.65	3
阿塞拜疆	Azerbaijan	22.50	3.50	26.00	19
孟加拉国	Bangladesh	0.00	0.00	0.00	34
白俄罗斯	Belarus	34.30	1.00	35.30	10
保加利亚	Bulgaria	18.92	13.78	32.70	13
喀麦隆	Cameroon	12.95	4.20	17.15	28
智利	Chile	4.75	19.01	23.76	21
中国	China	28.75	10.50	39.25	5
哥斯达黎加	Costa Rica	22.58	9.84	32.42	14
捷克共和国	Czech Republic	34.28	11.00	45.28	1
厄瓜多尔	Ecuador	10.36	8.74	19.10	26
埃及	Egypt	26.00	14.00	40.00	4
加纳	Ghana	13.00	5.50	18.50	27

续表

国家与地区	Countries and Regions	雇主缴费率 Employer contributed rate	雇员缴费率 Employee contributed rate	总缴费率 The total contribute rate	2017年总缴费率排名 Rank of total contribute rate in 2017
希腊	Greece	21.05	9.22	30.27	17
匈牙利	Hungary	19.50	18.50	38.00	7
以色列	Israel	3.43	3.49	6.92	32
哈萨克斯坦	Kazakhstan	5.00	10.00	15.00	29
韩国	Korea, Republic of	6.10	5.20	11.30	31
立陶宛	Lithuania	27.48	3.00	30.48	16
马来西亚	Malaysia	14.95	8.70	23.65	22
摩尔多瓦	Moldova, Republic of	23.00	6.00	29.00	18
新西兰	New Zealand	0.00	0.00	0.00	34
巴拿马	Panama	12.25	9.75	22.00	24
菲律宾	Philippines	8.75	5.01	13.75	30
波兰	Poland	19.11	13.71	32.82	12
葡萄牙	Portugal	23.75	11.00	34.75	11
罗马尼亚	Romania	2.25	35.00	37.25	9
俄罗斯联邦	Russian Federation	25.10	0.00	25.10	20
斯洛伐克	Slovakia	30.20	13.40	43.60	2
斯洛文尼亚	Slovenia	16.10	22.10	38.20	6
斯里兰卡	Sri Lanka	15.00	8.00	23.00	23
土耳其	Turkey	22.50	15.00	37.50	8
乌克兰	Ukraine	22.00	0.00	22.00	24
越南	Viet Nam	20.00	12.00	32.00	15

说明:本表为2017年的费率。

Explanation: This table shows rate for 2017.

4.1.2 "一带一路"样本国家的雇主分项缴纳的社会保险费率
Itemized social insurance rates paid by employers in "the Belt and Road" sample countries

资料来源:国际社会保障协会数据库

Source: ISSA Database

单位:%(percent)

国家与地区	Countries and Regions	老年、残疾、遗属费率 Old-age disability and survivors rate	疾病与生育费率 Sickness and maternity rate	工伤费率 Work injury rate	失业费率 The unemployment rate	家庭津贴费率 Family allowance rate	雇主缴费总费率 Total employer contribution rate	2017年雇主缴费总费率排名 Rank of 2017
亚美尼亚	Armenia	0.00	0.00	0.00	0.00	0.00	0.00	33
奥地利	Austria	12.55	3.87	1.30	3.00	3.90	24.62	8
阿塞拜疆	Azerbaijan	22.00	0.00	0.00	0.50	0.00	22.50	12
孟加拉国	Bangladesh	0.00	0.00	0.00	0.00	0.00	0.00	33

续表

国家与地区	Countries and Regions	老年、残疾、遗属费率 Old-age disability and survivors rate	疾病与生育费率 Sickness and maternity rate	工伤费率 Work injury rate	失业费率 The unemployment rate	家庭津贴费率 Family allowance rate	雇主缴费总费率 Total employer contribution rate	2017年雇主缴费总费率排名 Rank of 2017
白俄罗斯	Belarus	28.00	6.00	0.30	0.00	0.00	34.30	1
保加利亚	Bulgaria	11.02	6.90	0.40	0.60	0.00	18.92	19
喀麦隆	Cameroon	4.20	0.00	1.75	0.00	7.00	12.95	24
智利	Chile	1.41	0.00	0.94	2.40	0.00	4.75	30
中国	China	20.00	7.00	0.75	1.00	0.00	28.75	4
哥斯达黎加	Costa Rica	8.33	9.25	0.00	0.00	5.00	22.58	11
捷克共和国	Czech Republic	21.50	11.30	0.28	1.20	0.00	34.28	2
厄瓜多尔	Ecuador	0.16	9.00	0.20	1.00	0.00	10.36	26
埃及	Egypt	17.00	4.00	3.00	2.00	0.00	26.00	6
加纳	Ghana	13.00	0.00	0.00	0.00	0.00	13.00	23
希腊	Greece	13.33	4.55	0.00	3.17	0.00	21.05	15
匈牙利	Hungary	19.50	0.00	0.00	0.00	0.00	19.50	17
以色列	Israel	1.60	0.11	0.37	0.03	1.32	3.43	31
哈萨克斯坦	Kazakhstan	5.00	0.00	0.00	0.00	0.00	5.00	29
韩国	Korea, Republic of	4.50	0.00	0.70	0.90	0.00	6.10	28
立陶宛	Lithuania	22.30	3.60	0.18	1.40	0.00	27.48	5
马来西亚	Malaysia	13.50	0.00	1.25	0.20	0.00	15.00	21
摩尔多瓦	Moldova, Republic of	23.00	0.00	0.00	0.00	0.00	23.00	10
新西兰	New Zealand	0.00	0.00	0.00	0.00	0.00	0.00	33
巴拿马	Panama	4.25	8.00	0.00	0.00	0.00	12.25	25
菲律宾	Philippines	7.37	1.38	0.00	0.00	0.00	8.75	27
波兰	Poland	16.26	0.00	0.40	2.45	0.00	19.11	18
葡萄牙	Portugal	23.75	0.00	0.00	0.00	0.00	23.75	9
罗马尼亚	Romania	0.00	2.25	0.00	0.00	0.00	2.25	32
俄罗斯联邦	Russian Federation	22.00	2.90	0.20	0.00	0.00	25.10	7
斯洛伐克	Slovakia	17.00	11.40	0.80	1.00	0.00	30.20	3
斯洛文尼亚	Slovenia	8.85	7.19	0.00	0.06	0.00	16.10	20
斯里兰卡	Sri Lanka	15.00	0.00	0.00	0.00	0.00	15.00	21
土耳其	Turkey	11.00	9.50	0.00	2.00	0.00	22.50	12
乌克兰	Ukraine	22.00	0.00	0.00	0.00	0.00	22.00	14
越南	Viet Nam	14.00	4.50	0.50	1.00	0.00	20.00	16

说明:本表为 2017 年的费率。

Explanation: This table shows rate for 2017.

4.1.3 "一带一路"样本国家的雇员分项缴纳的社会保险费率
Itemized social insurance rates paid by employees in "the Belt and Road" sample countries

资料来源:国际社会保障协会数据库

Source: ISSA Database

单位:%(percent)

国家与地区	Countries and Regions	老年、残疾、遗属费率 Old-age disability and survivors rate	疾病与生育费率 Sickness and maternity rate	工伤费率 Work injury rate	失业费率 The unemploy ment rate	家庭津贴费率 Family allowance rate	雇员缴费总费率 Total employee contribution rate	2017 年雇主缴费总费率排名 Rank of 2017
亚美尼亚	Armenia	5.00	0.00	0.00	0.00	0.00	5.00	26
奥地利	Austria	10.25	3.78	0.00	3.00	0.00	17.03	5
阿塞拜疆	Azerbaijan	3.00	0.00	0.00	0.50	0.00	3.50	28
孟加拉国	Bangladesh	0.00	0.00	0.00	0.00	0.00	0.00	32
白俄罗斯	Belarus	1.00	0.00	0.00	0.00	0.00	1.00	31
保加利亚	Bulgaria	8.78	4.60	0.00	0.40	0.00	13.78	8
喀麦隆	Cameroon	4.20	0.00	0.00	0.00	0.00	4.20	27
智利	Chile	11.41	7.00	0.00	0.60	0.00	19.01	3
中国	China	8.00	2.00	0.00	0.50	0.00	10.50	14
哥斯达黎加	Costa Rica	4.34	5.50	0.00	0.00	0.00	9.84	16
捷克共和国	Czech Republic	6.50	4.50	0.00	0.00	0.00	11.00	12
厄瓜多尔	Ecuador	6.74	0.00	0.00	2.00	0.00	8.74	19
埃及	Egypt	13.00	1.00	0.00	0.00	0.00	14.00	7
加纳	Ghana	5.50	0.00	0.00	0.00	0.00	5.50	23
希腊	Greece	6.67	2.55	0.00	0.00	0.00	9.22	18
匈牙利	Hungary	10.00	7.00	0.00	1.50	0.00	18.50	4
以色列	Israel	0.34	3.14	0.00	0.01	0.00	3.49	29
哈萨克斯坦	Kazakhstan	10.00	0.00	0.00	0.00	0.00	10.00	15
韩国	Korea, Republic of	4.50	0.00	0.00	0.70	0.00	5.20	24
立陶宛	Lithuania	3.00	0.00	0.00	0.00	0.00	3.00	30
马来西亚	Malaysia	8.50	0.00	0.00	0.20	0.00	8.70	20
摩尔多瓦	Moldova, Republic of	6.00	0.00	0.00	0.00	0.00	6.00	22
新西兰	New Zealand	0.00	0.00	0.00	0.00	0.00	0.00	32
巴拿马	Panama	9.25	0.50	0.00	0.00	0.00	9.75	17
菲律宾	Philippines	3.63	1.38	0.00	0.00	0.00	5.01	25
波兰	Poland	11.26	2.45	0.00	0.00	0.00	13.71	9
葡萄牙	Portugal	11.00	0.00	0.00	0.00	0.00	11.00	12
罗马尼亚	Romania	25.00	10.00	0.00	0.00	0.00	35.00	1

国家与地区	Countries and Regions	老年、残疾、遗属费率 Old-age disability and survivors rate	疾病与生育费率 Sickness and maternity rate	工伤费率 Work injury rate	失业费率 The unemployment rate	家庭津贴费率 Family allowance rate	雇员缴费总费率 Total employee contribution rate	2017年雇主缴费总费率排名 Rank of 2017
俄罗斯联邦	Russian Federation	0.00	0.00	0.00	0.00	0.00	0.00	32
斯洛伐克	Slovakia	7.00	5.40	0.00	1.00	0.00	13.40	10
斯洛文尼亚	Slovenia	15.50	6.46	0.00	0.14	0.00	22.10	2
斯里兰卡	Sri Lanka	8.00	0.00	0.00	0.00	0.00	8.00	21
土耳其	Turkey	9.00	5.00	0.00	1.00	0.00	15.00	6
乌克兰	Ukraine	0.00	0.00	0.00	0.00	0.00	0.00	32
越南	Viet Nam	8.00	3.00	0.00	1.00	0.00	12.00	11

说明:本表为2017年的费率。

Explanation: This table shows rate for 2017.

4.1.4 "一带一路"样本国家的雇员月平均工资(本币)

The average monthly salary of employees in "the Belt and Road" sample countries (local currency)

资料来源:国际劳工组织数据库

Source: ILO Database

单位:本币 (Local currency)

国家与地区	Countries and Regions	货币 Currency	2015	2016	2017
亚美尼亚	Armenia	AMD	171615	174445	195074
奥地利	Austria	EUR	4280	4390	4420
阿塞拜疆	Azerbaijan	AZN	467	500	528
孟加拉国	Bangladesh	BDT		12915	12016
白俄罗斯	Belarus	BYN	671	723	815
保加利亚	Bulgaria	BGN	878	948	1060
智利	Chile	CLP	529048		
中国	China	CNY	5169	5631	6193
哥斯达黎加	Costa Rica	CRC	579249	613977	632926
捷克共和国	Czech Republic	CZK	27811	29061	31109
厄瓜多尔	Ecuador	USD	613	613	
埃及	Egypt	EGP	3809	4082	4550
希腊	Greece	EUR	1357	1344	1346
匈牙利	Hungary	HUF	247924	263171	297017
以色列	Israel	ILS	9503	9724	
哈萨克斯坦	Kazakhstan	KZT	126021	142898	150827
韩国	Korea, Republic of	KRW	3300091	3424726	3518155
立陶宛	Lithuania	EUR	714	774	840
马来西亚	Malaysia	MYR	2947	3112	3300
摩尔多瓦	Moldova, Republic of	MDL	4538	4998	5587
蒙古国	Mongolia	MNT	808000	861900	944500
新西兰	New Zealand	NZD	4424	4645	4784
巴拿马	Panama	PAB	1115	1238	

续表

国家与地区	Countries and Regions	货币 Currency	2015	2016	2017
菲律宾	Philippines	PHP	9876	10458	
波兰	Poland	PLN	3908	4052	4272
葡萄牙	Portugal	EUR	884	895	913
罗马尼亚	Romania	RON	2555	2809	3223
俄罗斯联邦	Russian Federation	RUB	34030	36709	39144
斯洛伐克	Slovakia	EUR	883	912	954
斯洛文尼亚	Slovenia	EUR	1556	1585	1627
斯里兰卡	Sri Lanka	LKR	28739	31782	
土耳其	Turkey	TRY			
乌克兰	Ukraine	UAH	4195	5183	7104
越南	Viet Nam	VND	4656000	4985000	5370500

说明:空格表示数据无法获取。

Explanation: A blank indicates that the data is not available.

4.1.5 "一带一路"样本国家的雇员月平均工资(美元)

The average monthly salary of employees in "the Belt and Road" sample countries (USD)

资料来源:国际劳工组织数据库

Source: ILO Database

单位:美元(US dollars)

国家与地区	Countries and Regions	2014	2015	2016
亚美尼亚	Armenia	235	210	208
奥地利	Austria	3390	2882	2927
阿塞拜疆	Azerbaijan	567	456	313
孟加拉国	Bangladesh			165
白俄罗斯	Belarus			385
保加利亚	Bulgaria	558	498	536
中国	China	765	830	847
哥斯达黎加	Costa Rica	905	933	926
捷克共和国	Czech Republic	1291	1131	1189
厄瓜多尔	Ecuador	486	500	498
埃及	Egypt		238	216
加纳	Ghana		241	
希腊	Greece	1168	960	968
匈牙利	Hungary	1095	932	986
以色列	Israel	2604	2445	2532
哈萨克斯坦	Kazakhstan	675	568	418
韩国	Korea,Republic of	3072	2890	2888
立陶宛	Lithuania	899	792	856
马来西亚	Malaysia	670	592	594
摩尔多瓦	Moldova,Republic of	291	241	251
蒙古国	Mongolia	438	410	

续表

国家与地区	Countries and Regions	2014	2015	2016
新西兰	New Zealand	3667	3153	3230
巴拿马	Panama	704	754	803
菲律宾	Philippines	273		257
波兰	Poland	1197	1037	1026
葡萄牙	Portugal		918	928
罗马尼亚	Romania			692
俄罗斯联邦	Slovakia	1280	1106	1155
斯洛伐克	Slovenia		1832	1864
斯里兰卡	Sri Lanka	159	178	186
土耳其	Turkey	1010		
乌克兰	Ukraine		192	203
越南	Viet Nam	211	236	250

说明:空格表示数据无法获取。

Explanation: A blank indicates that the data is not available.

4.1.6 "一带一路"样本国家的雇员工资增长率

Employee wage growth rate in "the Belt and Road" sample countries

资料来源:国际劳工组织数据库

Source: ILO Database

单位:%(percent)

国家与地区	Countries and Regions	2014	2015	2016	2016年工资增长水平 Level of growth in 2016	工资增长趋势 Trend of wage growth
亚美尼亚	Armenia	11.20	7.50	6.90	高 High	下降 Down
奥地利	Austria	1.20	1.30	1.60	低 Low	上升 Up
阿塞拜疆	Azerbaijan	3.20	1.00	−4.80	负 Negative	下降 Down
孟加拉国	Bangladesh	2.40	3.50	3.60	低 Low	上升 Up
白俄罗斯	Belarus	1.30	−2.30	−3.80	负 Negative	下降 Down
保加利亚	Bulgaria	7.70	8.00	9.50	高 High	上升 Up
智利	Chile	1.80	1.80	1.40	低 Low	波动 Fluctuate
中国	China	6.00	6.70	5.50	低 Low	波动 Fluctuate
哥斯达黎加	Costa Rica	2.20	1.10	6.00	低 Low	波动 Fluctuate
捷克共和国	Czech Republic	1.90	3.40	3.80	低 Low	上升 Up
厄瓜多尔	Ecuador	−1.30	0.70	−1.70	负 Negative	波动 Fluctuate
埃及	Egypt	−3.80	−1.70	−2.80	负 Negative	波动 Fluctuate
希腊	Greece	1.90	0.20	1.30	低 Low	波动 Fluctuate
匈牙利	Hungary	3.20	4.40	5.70	低 Low	上升 Up
以色列	Israel	2.70	2.60	2.90	低 Low	波动 Fluctuate
哈萨克斯坦	Kazakhstan	3.90	−2.40	−0.90	负 Negative	波动 Fluctuate
韩国	Korea,Republic of	1.20	2.70	2.80	低 Low	上升 Up

续表

国家与地区	Countries and Regions	2014	2015	2016	2016年工资增长水平 Level of growth in 2016	工资增长趋势 Trend of wage growth
立陶宛	Lithuania	4.60	6.10	7.60	高 High	上升 Up
马来西亚	Malaysia	1.20	4.00	3.40	低 Low	波动 Fluctuate
摩尔多瓦	Moldova, Republic of	5.90	1.00	3.00	低 Low	波动 Fluctuate
蒙古国	Mongolia	7.90	−4.20	6.20	高 High	波动 Fluctuate
新西兰	New Zealand	1.80	2.70	4.30	低 Low	上升 Up
巴拿马	Panama	2.90	6.90	10.10	高 High	上升 Up
菲律宾	Philippines	1.60	2.40	4.60	低 Low	上升 Up
波兰	Poland	3.30	4.40	4.30	低 Low	波动 Fluctuate
葡萄牙	Portugal	−0.30	0.30	0.60	低 Low	上升 Up
罗马尼亚	Romania	6.40	10.20	11.80	高 High	上升 Up
俄罗斯联邦	Russian Federation	1.20	−9.40	0.80	低 Low	波动 Fluctuate
斯洛伐克	Slovakia	4.20	3.20	3.80	低 Low	波动 Fluctuate
斯洛文尼亚	Slovenia	0.90	1.20	1.90	低 Low	上升 Up
斯里兰卡	Sri Lanka	16.30	15.50	6.30	高 High	下降 Down
土耳其	Turkey	6.10	5.60	7.60	高 High	波动 Fluctuate
乌克兰	Ukraine	−6.50	−20.20	9.00	高 High	波动 Fluctuate
越南	Viet Nam	4.30	4.80	4.30	低 Low	波动 Fluctuate

说明:工资增长率大于6%时为高,工资增长率小于0时为负,其余为低。

Explanation: Wage growth rate is more than 6% considered is high; when wage growth is less than 0 considered is negative, and when the rest considered is low.

4.1.7 "一带一路"样本国家的法定最低工资
Statutory monthly minimum wage in "the Belt and Road" sample countries

资料来源:国际劳工组织数据库

Source: ILO Database

单位:美元(US dollars)

国家与地区	Countries and Regions	2014	2015	2016
亚美尼亚	Armenia	159		
保加利亚	Bulgaria	231	215	238
喀麦隆	Cameroon	65		
哥斯达黎加	Costa Rica	375	389	386
捷克共和国	Czech Republic	409	374	405
希腊	Greece	907	758	756
匈牙利	Hungary	436	376	394
立陶宛	Lithuania	384	360	420
菲律宾	Philippines	227		
波兰	Poland	533	464	469
葡萄牙	Portugal	751	653	684
罗马尼亚	Romania	269	262	308

续表

国家与地区	Countries and Regions	2014	2015	2016
斯洛伐克	Slovakia	467	421	448
斯洛文尼亚	Slovenia	1047	877	875
土耳其	Turkey	518	468	545
乌克兰	Ukraine		63	

说明:空格表示数据无法获取。

Explanation: A blank indicates that the data is not available.

4.2 "一带一路"样本国家的不同行业雇员的月平均工资收入
The average monthly salary of employees in different industries in "the Belt and Road" sample countries

4.2.1 "一带一路"样本国家的住宿餐饮服务业雇员的月平均工资收入
The average monthly salary of employees in accommodation and food service industry in "the Belt and Road" sample countries

资料来源:国际劳工组织数据库

Source: ILO Database

单位:美元(US dollars)

国家与地区	Countries and Regions	2014	2015	2016
亚美尼亚	Armenia	222	213	208
奥地利	Austria	1382	1184	1213
阿塞拜疆	Azerbaijan	591	453	298
孟加拉国	Bangladesh			157
白俄罗斯	Belarus			289
保加利亚	Bulgaria	341	299	317
中国	China	505	546	544
哥斯达黎加	Costa Rica	682	658	655
捷克共和国	Czech Republic	702	637	672
厄瓜多尔	Ecuador	361	368	351
埃及	Egypt		212	188
加纳	Ghana		111	
希腊	Greece	900	719	703
匈牙利	Hungary	744	617	732
以色列	Israel	1483	1439	1403
哈萨克斯坦	Kazakhstan	583	525	374
韩国	Korea, Republic of	1802	1681	1699
立陶宛	Lithuania	553	502	578
马来西亚	Malaysia	402	360	361
摩尔多瓦	Moldova, Republic of	196	162	167
蒙古国	Mongolia	293	268	
新西兰	New Zealand	1800	1562	1622

续表

国家与地区	Countries and Regions	2014	2015	2016
巴拿马	Panama	528	531	586
菲律宾	Philippines	240		220
波兰	Poland	751	653	658
葡萄牙	Portugal		1082	1112
罗马尼亚	Romania			414
斯洛伐克	Slovakia	772	660	691
斯洛文尼亚	Slovenia		1292	1313
斯里兰卡	Sri Lanka	175	177	194
土耳其	Turkey	769		
乌克兰	Ukraine		128	137
越南	Viet Nam	177	191	208

说明:空格表示数据无法获取。

Explanation: A blank indicates that the data is not available.

4.2.2 "一带一路"样本国家的行政事务业雇员的月平均工资收入

The average monthly salary of administrative service employees in "the Belt and Road" sample countries

资料来源:国际劳工组织数据库

Source: ILO Database

单位:美元(US dollars)

国家与地区	Countries and Regions	2014	2015	2016
亚美尼亚	Armenia	278	210	211
奥地利	Austria	2066	1753	1776
阿塞拜疆	Azerbaijan	722	530	341
孟加拉国	Bangladesh			191
白俄罗斯	Belarus			314
保加利亚	Bulgaria	402	384	424
中国	China			
哥斯达黎加	Costa Rica	736	785	766
捷克共和国	Czech Republic	864	768	807
厄瓜多尔	Ecuador	447	459	471
埃及	Egypt		222	164
加纳	Ghana		264	
希腊	Greece	903	765	740
匈牙利	Hungary	875	809	846
以色列	Israel	1688	1543	1621
哈萨克斯坦	Kazakhstan	530	461	336
韩国	Korea, Republic of	2412	2278	2289
立陶宛	Lithuania	764	675	731
马来西亚	Malaysia	443	375	389
摩尔多瓦	Moldova, Republic of	229	189	209

国家与地区	Countries and Regions	2014	2015	2016
蒙古国	Mongolia	344	336	
新西兰	New Zealand	2796	2385	2443
巴拿马	Panama	629	643	687
菲律宾	Philippines	263		344
波兰	Poland	847	756	750
葡萄牙	Portugal		684	679
罗马尼亚	Romania			544
斯洛伐克	Slovakia	964	824	872
斯洛文尼亚	Slovenia		1292	1319
斯里兰卡	Sri Lanka	161	189	181
土耳其	Turkey	786		
乌克兰	Ukraine		143	156
越南	Viet Nam	232	262	287

说明:空格表示数据无法获取。

Explanation: A blank indicates that the data is not available.

4.2.3 "一带一路"样本国家的农业、林业、渔业雇员的月平均工资收入

The average monthly salary of employees in agriculture, forestry and fishery in "the Belt and Road" sample countries

资料来源:国际劳工组织数据库

Source: ILO Database

单位:美元(US dollars)

国家与地区	Countries and Regions	2014	2015	2016
亚美尼亚	Armenia	213	180	160
奥地利	Austria	998	841	881
阿塞拜疆	Azerbaijan	308	240	159
孟加拉国	Bangladesh			120
白俄罗斯	Belarus			266
保加利亚	Bulgaria	452	411	437
中国	China	385	427	422
哥斯达黎加	Costa Rica	503	510	496
捷克共和国	Czech Republic	1072	919	973
厄瓜多尔	Ecuador	284	306	304
埃及	Egypt		198	187
加纳	Ghana		219	
希腊	Greece	784	638	657
匈牙利	Hungary	771	680	771
以色列	Israel	2152	2012	1974
哈萨克斯坦	Kazakhstan	371	327	238
韩国	Korea,Republic of	2969	2817	2829
立陶宛	Lithuania	786	682	746

续表

国家与地区	Countries and Regions	2014	2015	2016
马来西亚	Malaysia	339	315	324
摩尔多瓦	Moldova, Republic of	193	159	166
蒙古国	Mongolia	414	327	
新西兰	New Zealand	2671	2315	2395
巴拿马	Panama	275	308	351
菲律宾	Philippines	279		170
波兰	Poland	1323	1154	1140
葡萄牙	Portugal		652	656
罗马尼亚	Romania			551
斯洛伐克	Slovakia	1065	909	955
斯洛文尼亚	Slovenia		1489	1449
斯里兰卡	Sri Lanka	95	95	99
土耳其	Turkey			
乌克兰	Ukraine		151	164
越南	Viet Nam	132	142	148

说明:空格表示数据无法获取。

Explanation: A blank indicates that the data is not available.

4.2.4 "一带一路"样本国家的文艺娱乐业雇员的月平均工资收入

The average monthly salary of employees in arts and entertainment industry in "the Belt and Road" sample countries

资料来源:国际劳工组织数据库

Source: ILO Database

单位:美元(US dollars)

国家与地区	Countries and Regions	2014	2015	2016
亚美尼亚	Armenia	194	171	208
奥地利	Austria	2541	2138	2138
阿塞拜疆	Azerbaijan	319	247	162
孟加拉国	Bangladesh			170
白俄罗斯	Belarus			320
保加利亚	Bulgaria	491	410	456
中国	China	873	974	1002
哥斯达黎加	Costa Rica	652	749	851
捷克共和国	Czech Republic	1052	927	993
厄瓜多尔	Ecuador	492	529	510
埃及	Egypt		210	252
加纳	Ghana		192	
希腊	Greece	996	794	795
匈牙利	Hungary	1077	765	825
以色列	Israel	2098	1931	1905
哈萨克斯坦	Kazakhstan	512	429	322

国家与地区	Countries and Regions	2014	2015	2016
韩国	Korea, Republic of	2446	2233	2260
立陶宛	Lithuania	711	646	705
马来西亚	Malaysia	537	500	525
摩尔多瓦	Moldova, Republic of	193	161	159
蒙古国	Mongolia	328	315	
新西兰	New Zealand	3028	2643	2715
巴拿马	Panama	638	679	675
菲律宾	Philippines	356		312
波兰	Poland	1063	922	924
葡萄牙	Portugal		845	925
罗马尼亚	Romania			537
斯洛伐克	Slovakia	966	858	889
斯洛文尼亚	Slovenia	2546		
斯里兰卡	Sri Lanka	172	164	183
土耳其	Turkey	1121		
乌克兰	Ukraine		189	190
越南	Viet Nam	206	226	241

说明:空格表示数据无法获取。

Explanation: A blank indicates that the data is not available.

4.2.5 "一带一路"样本国家的建筑业雇员的月平均工资收入

The average monthly salary of employees in construction industry in "the Belt and Road" sample countries

资料来源:国际劳工组织数据库

Source: ILO Database

单位:美元(US dollars)

国家与地区	Countries and Regions	2014	2015	2016
亚美尼亚	Armenia	295	248	238
奥地利	Austria	3262	2767	2820
阿塞拜疆	Azerbaijan	799	661	509
孟加拉国	Bangladesh			147
白俄罗斯	Belarus			383
保加利亚	Bulgaria	497	435	438
中国	China	621	654	653
哥斯达黎加	Costa Rica	672	672	649
捷克共和国	Czech Republic	1159	1023	1070
厄瓜多尔	Ecuador	414	427	421
埃及	Egypt		249	244
加纳	Ghana		322	
希腊	Greece	946	808	859
匈牙利	Hungary	862	777	797

续表

国家与地区	Countries and Regions	2014	2015	2016
以色列	Israel	2249	2329	2344
哈萨克斯坦	Kazakhstan	783	698	524
韩国	Korea,Republic of	3036	2773	2835
立陶宛	Lithuania	836	736	791
马来西亚	Malaysia	559	486	494
摩尔多瓦	Moldova,Republic of	297	233	243
蒙古国	Mongolia	373	336	
新西兰	New Zealand	3924	3403	3488
巴拿马	Panama	715	729	749
菲律宾	Philippines	217		225
波兰	Poland	983	854	840
葡萄牙	Portugal		852	853
罗马尼亚	Romania			516
斯洛伐克	Slovakia	1142	997	1044
斯洛文尼亚	Slovenia		1419	1431
斯里兰卡	Sri Lanka	147	164	168
土耳其	Turkey	859		
乌克兰	Ukraine		163	185
越南	Viet Nam	187	204	216

说明:空格表示数据无法获取。

Explanation: A blank indicates that the data is not available.

4.2.6　"一带一路"样本国家的教育业雇员的月平均工资收入

The average monthly salary of employees in education industry in "the Belt and Road" sample countries

资料来源:国际劳工组织数据库

Source: ILO Database

单位:美元(US dollars)

国家与地区	Countries and Regions	2014	2015	2016
亚美尼亚	Armenia	2883	2451	2474
奥地利	Austria	380	294	192
阿塞拜疆	Azerbaijan			248
孟加拉国	Bangladesh			273
白俄罗斯	Belarus	554	483	508
保加利亚	Bulgaria	767	891	934
中国	China	1392	1548	1573
哥斯达黎加	Costa Rica	1288	1106	1155
捷克共和国	Czech Republic	662	684	686
厄瓜多尔	Ecuador		242	204
埃及	Egypt		236	
加纳	Ghana	1289	1066	1058

续表

国家与地区	Countries and Regions	2014	2015	2016
希腊	Greece	1110	927	987
匈牙利	Hungary	2230	2109	2203
以色列	Israel	417	350	276
哈萨克斯坦	Kazakhstan	3271	2969	2943
韩国	Korea,Republic of	831	717	760
立陶宛	Lithuania	1151	1022	1001
马来西亚	Malaysia	242	204	203
摩尔多瓦	Moldova,Republic of	388	373	
蒙古国	Mongolia	3534	3013	3119
新西兰	New Zealand	868	895	947
巴拿马	Panama	273		438
菲律宾	Philippines	1273	1097	1060
波兰	Poland		1132	1137
葡萄牙	Portugal			697
罗马尼亚	Romania	1078	942	987
斯洛伐克	Slovakia		1960	1986
斯洛文尼亚	Slovenia	196	234	243
斯里兰卡	Sri Lanka	1283		
土耳其	Turkey		143	148
乌克兰	Ukraine	257	288	290
越南	Viet Nam	2883	2451	2474

说明:空格表示数据无法获取。

Explanation: A blank indicates that the data is not available.

4.2.7 "一带一路"样本国家的电力、燃气、热力、空调业雇员的月平均工资收入

The average monthly salary of employees in the electricity, gas, heating and air conditioning industries in "the Belt and Road" sample countries

资料来源:国际劳工组织数据库

Source: ILO Database

单位:美元(US dollars)

国家与地区	Countries and Regions	2014	2015	2016
亚美尼亚	Armenia	247	245	236
奥地利	Austria	6436	5488	5618
阿塞拜疆	Azerbaijan	624	501	316
孟加拉国	Bangladesh			245
白俄罗斯	Belarus			406
保加利亚	Bulgaria	1074	934	946
哥斯达黎加	Costa Rica	1650	1720	1740
捷克共和国	Czech Republic	2022	1714	1737
厄瓜多尔	Ecuador	800	890	909
埃及	Egypt		338	311

国家与地区	Countries and Regions	2014	2015	2016
希腊	Greece	1563	1319	1407
匈牙利	Hungary	1578	1556	1661
以色列	Israel	6124	5366	6048
哈萨克斯坦	Kazakhstan	651	560	400
韩国	Korea, Republic of	5021	4795	5029
立陶宛	Lithuania	1234	1065	1096
马来西亚	Malaysia	876	737	796
摩尔多瓦	Moldova, Republic of	517	436	449
蒙古国	Mongolia	623	577	
新西兰	New Zealand	6620	5663	5785
巴拿马	Panama	1049	851	1149
菲律宾	Philippines	259		431
波兰	Poland	2014	1737	1716
葡萄牙	Portugal		1567	1494
罗马尼亚	Romania			1110
斯洛伐克	Slovakia	1981	1690	1799
斯洛文尼亚	Slovenia		2635	2658
斯里兰卡	Sri Lanka	335	251	308
土耳其	Turkey	1630		
乌克兰	Ukraine		250	271
越南	Viet Nam	271	325	336

说明:空格表示数据无法获取。

Explanation: A blank indicates that the data is not available.

4.2.8 "一带一路"样本国家的金融保险业雇员的月平均工资收入

The average monthly salary of employees in finance and insurance industry in "the Belt and Road" sample countries

资料来源:国际劳工组织数据库

Source: ILO Databaseq

单位:美元(US dollars)

国家与地区	Countries and Regions	2014	2015	2016
亚美尼亚	Armenia	400	277	264
奥地利	Austria	5814	4938	5291
阿塞拜疆	Azerbaijan	1528	1182	770
孟加拉国	Bangladesh			354
白俄罗斯	Belarus			896
保加利亚	Bulgaria	1066	921	949
中国	China	1469	1536	1473
哥斯达黎加	Costa Rica	1558	1714	1657
捷克共和国	Czech Republic	2377	2044	2129
厄瓜多尔	Ecuador	805	777	800

国家与地区	Countries and Regions	2014	2015	2016
埃及	Egypt		351	308
加纳	Ghana		331	
希腊	Greece	1577	1255	1242
匈牙利	Hungary	2099	1663	1844
以色列	Israel	3926	3787	3806
哈萨克斯坦	Kazakhstan	1232	1067	831
韩国	Korea,Republic of	4735	4450	4720
立陶宛	Lithuania	1685	1488	1575
马来西亚	Malaysia	1104	975	989
摩尔多瓦	Moldova,Republic of	535	430	510
蒙古国	Mongolia	587	533	
新西兰	New Zealand	6039	5216	5318
巴拿马	Panama	1119	1289	1258
菲律宾	Philippines	279		394
波兰	Poland	1964	1727	1711
葡萄牙	Portugal		1508	1559
罗马尼亚	Romania			1379
斯洛伐克	Slovakia	2220	1909	2001
斯洛文尼亚	Slovenia		2643	2661
斯里兰卡	Sri Lanka	248	264	302
土耳其	Turkey	2017		
乌克兰	Ukraine		394	400
越南	Viet Nam	353	381	398

说明:空格表示数据无法获取。

Explanation: A blank indicates that the data is not available.

4.2.9 "一带一路"样本国家的人类健康、社会工作业雇员的月平均工资收入

The average monthly salary of employees in human health and social work industry in "the Belt and Road" sample countries

资料来源:国际劳工组织数据库

Source: ILO Database

单位:美元(US dollars)

国家与地区	Countries and Regions	2014	2015	2016
亚美尼亚	Armenia	186	164	170
奥地利	Austria	2689	2319	2370
阿塞拜疆	Azerbaijan	252	199	135
孟加拉国	Bangladesh			259
白俄罗斯	Belarus			315
保加利亚	Bulgaria	590	519	555
中国	China	858	958	1004
哥斯达黎加	Costa Rica	1388	1489	1658

续表

国家与地区	Countries and Regions	2014	2015	2016
捷克共和国	Czech Republic	1269	1126	1189
厄瓜多尔	Ecuador	751	770	760
埃及	Egypt		213	175
加纳	Ghana		273	
希腊	Greece	1288	1049	1047
匈牙利	Hungary	917	740	789
以色列	Israel	2506	2240	2210
哈萨克斯坦	Kazakhstan	495	414	310
韩国	Korea, Republic of	2339	2227	2192
立陶宛	Lithuania	883	774	846
马来西亚	Malaysia	909	768	769
摩尔多瓦	Moldova, Republic of	290	233	250
蒙古国	Mongolia	399	394	
新西兰	New Zealand	3468	2985	3056
巴拿马	Panama	903	1032	1143
菲律宾	Philippines	275		352
波兰	Poland	1096	946	950
葡萄牙	Portugal		928	918
罗马尼亚	Romania			704
斯洛伐克	Slovakia	1213	1068	1134
斯洛文尼亚	Slovenia		1977	2029
斯里兰卡	Sri Lanka	227	288	292
土耳其	Turkey	1533		
乌克兰	Ukraine		130	133
越南	Viet Nam	258	280	295

说明:空格表示数据无法获取。

Explanation: A blank indicates that the data is not available.

4.2.10 “一带一路”样本国家的信息通讯业雇员的月平均工资收入

The average monthly salary of employees in information and comunication industry in "the Belt and Road" sample countries

资料来源:国际劳工组织数据库

Source: ILO Database

单位:美元(US dollars)

国家与地区	Countries and Regions	2014	2015	2016
亚美尼亚	Armenia	324	302	321
奥地利	Austria	5079	4254	4299
阿塞拜疆	Azerbaijan	937	729	490
孟加拉国	Bangladesh			293
白俄罗斯	Belarus			1063
保加利亚	Bulgaria	1290	1145	1298

续表

国家与地区	Countries and Regions	2014	2015	2016
中国	China	1368	1499	1536
哥斯达黎加	Costa Rica	1455	1496	1605
捷克共和国	Czech Republic	2323	1994	2105
厄瓜多尔	Ecuador	615	709	635
埃及	Egypt		288	230
加纳	Ghana		163	
希腊	Greece	1294	1051	1151
匈牙利	Hungary	1875	1626	1729
以色列	Israel	4484	4379	4293
哈萨克斯坦	Kazakhstan	970	816	597
韩国	Korea, Republic of	3558	3363	3405
立陶宛	Lithuania	1505	1363	1453
马来西亚	Malaysia	1096	1018	1014
摩尔多瓦	Moldova, Republic of	599	506	554
蒙古国	Mongolia	426	405	
新西兰	New Zealand	5633	4895	5061
巴拿马	Panama	1018	1166	1366
菲律宾	Philippines	269		371
波兰	Poland	2036	1774	1791
葡萄牙	Portugal		1293	1355
罗马尼亚	Romania			1399
斯洛伐克	Slovakia	2413	2047	2097
斯洛文尼亚	Slovenia		2448	2470
斯里兰卡	Sri Lanka	299	316	355
土耳其	Turkey	2098		
乌克兰	Ukraine		326	373
越南	Viet Nam	303	342	369

说明:空格表示数据无法获取。

Explanation: A blank indicates that the data is not available.

4.2.11 "一带一路"样本国家的制造业雇员的月平均工资收入

The average monthly salary of employees in manufacture industry in "the Belt and Road" sample countries

资料来源:国际劳工组织数据库

Source: ILO Database

单位:美元(US dollars)

国家与地区	Countries and Regions	2014	2015	2016
亚美尼亚	Armenia	239	212	216
奥地利	Austria	4356	3695	3768
阿塞拜疆	Azerbaijan	632	515	340
孟加拉国	Bangladesh			158

续表

国家与地区	Countries and Regions	2014	2015	2016
白俄罗斯	Belarus			418
保加利亚	Bulgaria	474	431	473
中国	China	697	740	746
哥斯达黎加	Costa Rica	854	967	937
捷克共和国	Czech Republic	1301	1145	1201
厄瓜多尔	Ecuador	473	484	487
埃及	Egypt		232	199
加纳	Ghana		262	
希腊	Greece	1134	939	928
匈牙利	Hungary	1120	992	1047
以色列	Israel	3167	2861	3148
哈萨克斯坦	Kazakhstan	711	620	449
韩国	Korea, Republic of	3338	3155	3113
立陶宛	Lithuania	901	807	885
马来西亚	Malaysia	615	522	513
摩尔多瓦	Moldova, Republic of	282	233	241
蒙古国	Mongolia	421	391	
新西兰	New Zealand	4082	3515	3571
巴拿马	Panama	698	686	688
菲律宾	Philippines	235		243
波兰	Poland	1121	973	972
葡萄牙	Portugal		805	829
罗马尼亚	Romania			637
斯洛伐克	Slovakia	1316	1138	1188
斯洛文尼亚	Slovenia		1748	1774
斯里兰卡	Sri Lanka	140	153	160
土耳其	Turkey	900		
乌克兰	Ukraine		205	217
越南	Viet Nam	206	241	257

说明:空格表示数据无法获取。

Explanation: A blank indicates that the data is not available.

4.2.12 "一带一路"样本国家的采矿采石业雇员的月平均工资收入

The average monthly salary of employees in mining and quarrying industry in "the Belt and Road" sample countries

资料来源:国际劳工组织数据库

Source: ILO Database

单位:美元(US dollars)

国家与地区	Countries and Regions	2014	2015	2016
亚美尼亚	Armenia	318	353	323
奥地利	Austria	5116	4326	4299

续表

国家与地区	Countries and Regions	2014	2015	2016
阿塞拜疆	Azerbaijan	2236	2119	1759
孟加拉国	Bangladesh			124
白俄罗斯	Belarus			706
保加利亚	Bulgaria	901	765	786
中国	China	837	795	759
哥斯达黎加	Costa Rica	654	462	581
捷克共和国	Czech Republic	1595	1353	1365
厄瓜多尔	Ecuador	916	914	985
埃及	Egypt		345	282
加纳	Ghana		384	
希腊	Greece	1637	1255	1282
匈牙利	Hungary	1230	936	959
以色列	Israel			3978
哈萨克斯坦	Kazakhstan	1405	1243	914
韩国	Korea, Republic of	3333	3353	3306
立陶宛	Lithuania	1133	984	1048
马来西亚	Malaysia	1489	1100	1180
摩尔多瓦	Moldova, Republic of	308	240	222
蒙古国	Mongolia	853	962	
新西兰	New Zealand	7466	6409	6196
巴拿马	Panama	721	785	1012
菲律宾	Philippines	316		240
波兰	Poland	2159	1814	1733
葡萄牙	Portugal		1020	1043
罗马尼亚	Romania			1177
斯洛伐克	Slovakia	1332	1176	1251
斯洛文尼亚	Slovenia		2325	2374
斯里兰卡	Sri Lanka	97	89	118
土耳其	Turkey	1170		
乌克兰	Ukraine		282	291
越南	Viet Nam	280	320	328

说明:空格表示数据无法获取。

Explanation: A blank indicates that the data is not available.

4.2.13 "一带一路"样本国家的专业、科技雇员的月平均工资收入

The average monthly salary of employees in professional, scientific and technical industry in "the Belt and Road" sample countries

资料来源:国际劳工组织数据库

Source: ILO Database

单位:美元(US dollars)

国家与地区	Countries and Regions	2014	2015	2016
亚美尼亚	Armenia	238	287	202
奥地利	Austria	3966	3395	3447
阿塞拜疆	Azerbaijan	854	734	556
孟加拉国	Bangladesh			269
白俄罗斯	Belarus			570
保加利亚	Bulgaria	818	731	769
中国	China	1116	1196	963
哥斯达黎加	Costa Rica	1237	1101	1260
捷克共和国	Czech Republic	1599	1370	1437
厄瓜多尔	Ecuador	642	640	663
埃及	Egypt		250	214
加纳	Ghana		308	
希腊	Greece	1272	976	982
匈牙利	Hungary	1612	1430	1549
以色列	Israel	3352	3426	3607
哈萨克斯坦	Kazakhstan	1400	1151	946
韩国	Korea, Republic of	3829	3672	3730
立陶宛	Lithuania	1141	1008	1078
马来西亚	Malaysia	1010	930	933
摩尔多瓦	Moldova, Republic of	397	322	331
蒙古国	Mongolia	594	581	
新西兰	New Zealand	4836	4163	4288
巴拿马	Panama	930	975	1123
菲律宾	Philippines	269		385
波兰	Poland	1457	1290	1270
葡萄牙	Portugal		1078	1041
罗马尼亚	Romania			1023
斯洛伐克	Slovakia	1723	1414	1481
斯洛文尼亚	Slovenia		2113	2118
斯里兰卡	Sri Lanka	217	283	289
土耳其	Turkey	1704		
乌克兰	Ukraine		308	315
越南	Viet Nam	311	322	357

说明:空格表示数据无法获取。

Explanation: A blank indicates that the data is not available.

4.2.14 "一带一路"样本国家的房地产业雇员的月平均工资收入

The average monthly salary of employees in real estate industry in "the Belt and Road" sample countries

资料来源:国际劳工组织数据库

Source: ILO Database

单位:美元(US dollars)

国家与地区	Countries and Regions	2014	2015	2016
亚美尼亚	Armenia	224	181	239
奥地利	Austria	3203	2752	2849
阿塞拜疆	Azerbaijan	393	301	211
孟加拉国	Bangladesh			338
白俄罗斯	Belarus			328
保加利亚	Bulgaria	526	478	511
中国	China	754	806	821
哥斯达黎加	Costa Rica	742	802	673
捷克共和国	Czech Republic	1120	987	1020
厄瓜多尔	Ecuador	532	491	486
埃及	Egypt		241	185
希腊	Greece	882	688	1015
匈牙利	Hungary	919	771	887
以色列	Israel	2459	2603	3252
哈萨克斯坦	Kazakhstan	603	493	360
韩国	Korea, Republic of	1992	1944	2099
立陶宛	Lithuania	858	756	777
马来西亚	Malaysia	1181	1010	1026
摩尔多瓦	Moldova, Republic of	255	213	231
蒙古国	Mongolia	423	412	
新西兰	New Zealand	3650	3187	3397
巴拿马	Panama	807	849	873
菲律宾	Philippines	347		434
波兰	Poland	1249	1081	1072
葡萄牙	Portugal		765	791
罗马尼亚	Romania			618
斯洛伐克	Slovakia	1236	1069	1137
斯洛文尼亚	Slovenia		1800	1786
斯里兰卡	Sri Lanka	164	195	274
土耳其	Turkey	1395		
乌克兰	Ukraine		168	188
越南	Viet Nam	316	313	374

说明:空格表示数据无法获取。

Explanation: A blank indicates that the data is not available.

4.2.15 "一带一路"样本国家的交通、仓储业雇员的月平均工资收入

The average monthly salary of employees in transportation and storage industry in "the Belt and Road" sample countries

资料来源:国际劳工组织数据库

Source: ILO Database

单位:美元(US dollars)

国家与地区	Countries and Regions	2014	2015	2016
亚美尼亚	Armenia	271	212	202
奥地利	Austria			
阿塞拜疆	Azerbaijan	676	562	407
孟加拉国	Bangladesh			159
白俄罗斯	Belarus			385
保加利亚	Bulgaria	528	463	491
中国	China			
哥斯达黎加	Costa Rica	813	881	931
捷克共和国	Czech Republic	1198	1053	1105
厄瓜多尔	Ecuador	497	507	501
埃及	Egypt		243	233
加纳	Ghana		207	
希腊	Greece	1401	1246	1265
匈牙利	Hungary	1058	1006	1026
以色列	Israel	2879	2559	2629
哈萨克斯坦	Kazakhstan	893	749	517
韩国	Korea, Republic of	2771	2633	2650
立陶宛	Lithuania	856	753	812
马来西亚	Malaysia	662	640	615
摩尔多瓦	Moldova, Republic of	281	228	240
蒙古国	Mongolia	509	449	
新西兰	New Zealand	4073	3529	3606
巴拿马	Panama	1020	1156	1124
菲律宾	Philippines	380		305
波兰	Poland	1070	920	902
葡萄牙	Portugal		682	679
罗马尼亚	Romania			678
斯洛伐克	Slovakia	1133	993	1020
斯洛文尼亚	Slovenia		1688	1684
斯里兰卡	Sri Lanka	176	203	209
土耳其	Turkey	838		
乌克兰	Ukraine		213	227
越南	Viet Nam	252	294	316

说明:空格表示数据无法获取。

Explanation: A blank indicates that the data is not available.

4.2.16 "一带一路"样本国家的批发零售、车辆修理业雇员的月平均工资收入

The average monthly salary of employees in wholesale and retail, repair of vehicles industry in "the Belt and Road" sample countries

资料来源:国际劳工组织数据库

Source: ILO Database

单位:美元(US dollars)

国家与地区	Countries and Regions	2014	2015	2016
亚美尼亚	Armenia	211	185	191
奥地利	Austria	3016	2571	2615
阿塞拜疆	Azerbaijan	477	369	240
孟加拉国	Bangladesh			165
白俄罗斯	Belarus			352
保加利亚	Bulgaria	488	445	485
中国	China	757	807	816
哥斯达黎加	Costa Rica	749	794	804
捷克共和国	Czech Republic	1186	1043	1103
厄瓜多尔	Ecuador	458	471	474
埃及	Egypt		192	176
加纳	Ghana		147	
希腊	Greece	1010	820	806
匈牙利	Hungary	1039	893	978
以色列	Israel	2153	2087	2073
哈萨克斯坦	Kazakhstan	654	546	383
韩国	Korea, Republic of	2813	2657	2651
立陶宛	Lithuania	814	721	787
马来西亚	Malaysia	507	450	441
摩尔多瓦	Moldova, Republic of	240	206	213
蒙古国	Mongolia	398	353	
新西兰	New Zealand	3111	2678	2757
巴拿马	Panama	663	712	750
菲律宾	Philippines	263		221
波兰	Poland	992	870	870
葡萄牙	Portugal		822	830
罗马尼亚	Romania			588
斯洛伐克	Slovakia	1201	1062	1102
斯洛文尼亚	Slovenia		1679	1712
斯里兰卡	Sri Lanka	155	169	173
土耳其	Turkey	900		
乌克兰	Ukraine		215	227
越南	Viet Nam	211	233	250

说明:空格表示数据无法获取。

Explanation: A blank indicates that the data is not available.

4.3 "一带一路"样本国家的不同职业雇员的月平均工资收入
The average monthly salary of employees in different occupations in "the Belt and Road" sample countries

4.3.1 "一带一路"样本国家的管理人员的月平均工资收入
The average monthly salary of managers in "the Belt and Road" sample countries

资料来源:国际劳工组织数据库

Source: ILO Database

单位:美元(US dollars)

国家与地区	Countries and Regions	2014	2015	2016
亚美尼亚	Armenia	336	316	339
奥地利	Austria	8754	7322	
孟加拉国	Bangladesh			345
保加利亚	Bulgaria	1616	1432	1545
智利	Chile		3217	
哥斯达黎加	Costa Rica	3382	3772	3891
捷克共和国	Czech Republic	2837	2474	2517
厄瓜多尔	Ecuador	1479	1468	1360
埃及	Egypt		381	338
加纳	Ghana		374	
希腊	Greece	1845	1583	1802
匈牙利	Hungary	2429	2061	
以色列	Israel	4640	4663	4564
哈萨克斯坦	Kazakhstan		1354	
韩国	Korea, Republic of	6875	7016	7221
马来西亚	Malaysia	1981	1693	1679
蒙古国	Mongolia	547	477	
巴拿马	Panama	1371	1509	1460
波兰	Poland	2700		2230
葡萄牙	Portugal		1702	1655
罗马尼亚	Romania	1639		
俄罗斯	Russian Federation		996	
斯洛伐克	Slovakia	2785	2404	2483
斯洛文尼亚	Slovenia		3128	3103
斯里兰卡	Sri Lanka	370	437	441
土耳其	Turkey	2980		
乌克兰	Ukraine			297
越南	Viet Nam	352	402	417

说明:空格表示数据无法获取。

Explanation: A blank indicates that the data is not available.

4.3.2 "一带一路"样本国家的专业人员的月平均工资收入

The average monthly salary of professionals in "the Belt and Road" sample countries

资料来源:国际劳工组织数据库

Source: ILO Database

单位:美元(US dollars)

国家与地区	Countries and Regions	2014	2015	2016
亚美尼亚	Armenia	249	230	220
奥地利	Austria	4955	4213	
孟加拉国	Bangladesh			272
保加利亚	Bulgaria	838	745	803
智利	Chile		1684	
哥斯达黎加	Costa Rica	1921	2134	2194
捷克共和国	Czech Republic	1836	1605	1676
厄瓜多尔	Ecuador	880	887	892
埃及	Egypt		270	240
加纳	Ghana		276	
希腊	Greece	1443	1173	1197
匈牙利	Hungary	1588	1367	
以色列	Israel	3858	3554	3603
哈萨克斯坦	Kazakhstan		656	
马来西亚	Malaysia	1345	1212	1151
蒙古国	Mongolia	490	464	
巴拿马	Panama	1159	1269	1343
波兰	Poland	1599		1355
葡萄牙	Portugal		1413	1404
罗马尼亚	Romania	1027		
俄罗斯	Russian Federation		608	
斯洛伐克	Slovakia	1597	1393	1450
斯洛文尼亚	Slovenia	2967		
斯里兰卡	Sri Lanka	234	295	307
土耳其	Turkey	2084		
乌克兰	Ukraine			217
越南	Viet Nam	312	352	370

说明:空格表示数据无法获取。

Explanation: A blank indicates that the data is not available.

4.3.3　"一带一路"样本国家的技术人员的月平均工资收入

The average monthly salary of technicians in "the Belt and Road" sample countries

资料来源:国际劳工组织数据库

Source: ILO Database

单位:美元(US dollars)

国家与地区	Countries and Regions	2014	2015	2016
亚美尼亚	Armenia	209	199	201
奥地利	Austria	4009	3484	
孟加拉国	Bangladesh			222
保加利亚	Bulgaria	691	616	653
智利	Chile		1017	
哥斯达黎加	Costa Rica	1159	1262	1316
捷克共和国	Czech Republic	1414	1240	1310
厄瓜多尔	Ecuador	699	723	675
埃及	Egypt		252	205
加纳	Ghana		311	
希腊	Greece	1373	1136	1130
匈牙利	Hungary	1131	966	
以色列	Israel	2760	2513	2602
哈萨克斯坦	Kazakhstan		466	
马来西亚	Malaysia	901	776	736
蒙古国	Mongolia	491	447	
巴拿马	Panama	848	939	1023
波兰	Poland	1334		1119
葡萄牙	Portugal		1045	1073
罗马尼亚	Romania	737		
俄罗斯	Russian Federation		484	
斯洛伐克	Slovakia	1398	1206	1268
斯洛文尼亚	Slovenia		1980	2010
斯里兰卡	Sri Lanka	220	251	254
土耳其	Turkey	1232		
乌克兰	Ukraine			178
越南	Viet Nam	233	258	267

说明:空格表示数据无法获取。

Explanation: A blank indicates that the data is not available.

4.3.4 "一带一路"样本国家的办事人员的月平均工资收入
The average monthly salary of clerical staff in "the Belt and Road" sample countries

资料来源：国际劳工组织数据库

Source: ILO Database

单位：美元（US dollars）

国家与地区	Countries and Regions	2014	2015	2016
亚美尼亚	Armenia	215	181	180
奥地利	Austria	3030	2574	
孟加拉国	Bangladesh			195
保加利亚	Bulgaria	446	395	424
智利	Chile		649	
哥斯达黎加	Costa Rica	792	840	904
捷克共和国	Czech Republic	1088	944	994
厄瓜多尔	Ecuador	502	506	500
埃及	Egypt		242	224
加纳	Ghana		303	
希腊	Greece	1152	978	974
匈牙利	Hungary	922	788	
以色列	Israel	1933	1793	1864
哈萨克斯坦	Kazakhstan		430	
韩国	Korea, Republic of	3395	3213	3186
马来西亚	Malaysia	591	515	508
蒙古国	Mongolia	370	340	
巴拿马	Panama	614	632	693
波兰	Poland	1029		894
葡萄牙	Portugal		804	813
罗马尼亚	Romania	586		
俄罗斯	Russian Federation		366	
斯洛伐克	Slovakia	1038	903	939
斯洛文尼亚	Slovenia		1603	1613
斯里兰卡	Sri Lanka	179	200	209
土耳其	Turkey	931		
乌克兰	Ukraine			127
越南	Viet Nam	202	231	245

4.3.5 "一带一路"样本国家的工厂机械操作员和装配工的月平均工资收入

Average monthly wage income for plant mechanical operators and assemblers in "the Belt and Road" sample countries

资料来源:国际劳工组织数据库

Source: ILO Database

单位:美元(US dollars)

国家与地区	Countries and Regions	2014	2015	2016
亚美尼亚	Armenia	275	228	232
奥地利	Austria	3367	2767	
孟加拉国	Bangladesh			155
保加利亚	Bulgaria	425	378	403
智利	Chile		705	
哥斯达黎加	Costa Rica	664	727	700
捷克共和国	Czech Republic	1052	927	978
厄瓜多尔	Ecuador	506	519	517
埃及	Egypt		214	254
加纳	Ghana		193	
希腊	Greece	1182	968	976
匈牙利	Hungary	855	785	
以色列	Israel	2274	2008	2215
哈萨克斯坦	Kazakhstan		655	
韩国	Korea, Republic of	2729	2569	2591
马来西亚	Malaysia	465	397	401
蒙古国	Mongolia	491	475	
巴拿马	Panama	685	680	727
波兰	Poland	1077		893
葡萄牙	Portugal		738	753
罗马尼亚	Romania	560		
俄罗斯	Russian Federation		526	
斯洛伐克	Slovakia	1042	909	948
斯洛文尼亚	Slovenia		1405	1421
斯里兰卡	Sri Lanka	151	165	182
土耳其	Turkey	753		
乌克兰	Ukraine			172
越南	Viet Nam	222	258	274

说明:空格表示数据无法获取。

Explanation: A blank indicates that the data is not available.

4.3.6 "一带一路"样本国家的服务与销售人员的月平均工资收入
Average monthly salary for service and sales staff in "the Belt and Road" sample countries

资料来源:国际劳工组织数据库
Source: ILO Database
单位:美元(US dollars)

国家与地区	Countries and Regions	2014	2015	2016
亚美尼亚	Armenia	198	187	193
奥地利	Austria	1974	1672	
孟加拉国	Bangladesh			165
保加利亚	Bulgaria	326	294	318
喀麦隆	Cameroon	250		
智利	Chile		582	
哥斯达黎加	Costa Rica	587	614	603
捷克共和国	Czech Republic	815	718	776
厄瓜多尔	Ecuador	431	435	427
埃及	Egypt		202	183
加纳	Ghana		132	
希腊	Greece	978	804	784
匈牙利	Hungary	698	600	
以色列	Israel	1409	1300	1490
哈萨克斯坦	Kazakhstan		364	
韩国	Korea, Republic of	2298	2107	2100
马来西亚	Malaysia	470	409	393
蒙古国	Mongolia	293	268	
巴拿马	Panama	548	573	585
波兰	Poland	777		684
葡萄牙	Portugal		691	707
罗马尼亚	Romania	394		
俄罗斯	Russian Federation		332	
斯洛伐克	Slovakia	898	777	817
斯洛文尼亚	Slovenia		1277	1319
斯里兰卡	Sri Lanka	155	169	182
土耳其	Turkey	695		
乌克兰	Ukraine			106
越南	Viet Nam	179	196	213

说明:空格表示数据无法获取。

Explanation: A blank indicates that the data is not available.

4.3.7 "一带一路"样本国家的工艺与相关行业工人的月平均工资收入

Average monthly wage income for workers in craft and related industries in "the Belt and Road" sample countries

资料来源:国际劳工组织数据库

Source: ILO Database

单位:美元(US dollars)

国家与地区	Countries and Regions	2014	2015	2016
亚美尼亚	Armenia	244	201	204
奥地利	Austria	3594	3014	
孟加拉国	Bangladesh			150
保加利亚	Bulgaria	460	409	438
智利	Chile		654	
哥斯达黎加	Costa Rica	664	694	711
捷克共和国	Czech Republic	1096	963	1014
厄瓜多尔	Ecuador	405	419	411
埃及	Egypt		213	192
加纳	Ghana		290	
希腊	Greece	1040	862	856
匈牙利	Hungary	857	773	
以色列	Israel	2314	2101	2296
哈萨克斯坦	Kazakhstan		599	
韩国	Korea, Republic of	2993	2638	2648
马来西亚	Malaysia	471	412	408
蒙古国	Mongolia	405	385	
巴拿马	Panama	659	645	709
波兰	Poland	1052		869
葡萄牙	Portugal		746	761
罗马尼亚	Romania	568		
俄罗斯	Russian Federation		526	
斯洛伐克	Slovakia	1125	978	1033
斯洛文尼亚	Slovenia		1438	1458
斯里兰卡	Sri Lanka	139	143	157
土耳其	Turkey	790		
乌克兰	Ukraine			187
越南	Viet Nam	186	209	223

说明:空格表示数据无法获取。

Explanation: A blank indicates that the data is not available.

4.3.8 "一带一路"样本国家的技能农业、林业、渔业工人的月平均工资收入

Average monthly wage for skilled agricultural, forestry and fishery workers in "the Belt and Road" sample countries

资料来源:国际劳工组织数据库

Source: ILO Database

单位:美元(US dollars)

国家与地区	Countries and Regions	2014	2015	2016
亚美尼亚	Armenia	220	183	137
奥地利	Austria	1747	1502	
孟加拉国	Bangladesh			126
保加利亚	Bulgaria	415	361	380
智利	Chile		470	
哥斯达黎加	Costa Rica	539	605	641
捷克共和国	Czech Republic	928	807	852
厄瓜多尔	Ecuador	309	306	295
埃及	Egypt		179	177
加纳	Ghana		142	
希腊	Greece	868	692	704
匈牙利	Hungary	629	541	
以色列	Israel	1960	1911	1752
哈萨克斯坦	Kazakhstan		329	
韩国	Korea, Republic of	2215	1948	2145
马来西亚	Malaysia	403	380	377
蒙古国	Mongolia	238	218	
巴拿马	Panama	305	342	546
波兰	Poland	805		751
葡萄牙	Portugal		601	585
罗马尼亚	Romania	358		
俄罗斯	Russian Federation		329	
斯洛伐克	Slovakia	885	767	791
斯洛文尼亚	Slovenia		1314	1298
斯里兰卡	Sri Lanka	108	128	135
土耳其	Turkey	671		
乌克兰	Ukraine			131
越南	Viet Nam	184	193	201

说明:空格表示数据无法获取。

Explanation: A blank indicates that the data is not available.

4.3.9 "一带一路"样本国家的初级劳动者的月平均工资收入

The average monthly wage for elementary labours in "the Belt and Road" sample countries

资料来源:国际劳工组织数据库

Source: ILO Database

单位:美元(US dollars)

国家与地区	Countries and Regions	2014	2015	2016
亚美尼亚	Armenia	176	154	151
奥地利	Austria	1845	1542	
孟加拉国	Bangladesh			118
保加利亚	Bulgaria	298	268	292
喀麦隆	Cameroon	115		
智利	Chile		437	
哥斯达黎加	Costa Rica	420	427	413
捷克共和国	Czech Republic	732	643	695
厄瓜多尔	Ecuador	293	311	315
埃及	Egypt		175	166
加纳	Ghana		137	
希腊	Greece	807	683	681
匈牙利	Hungary	542	434	
以色列	Israel	1098	964	1088
哈萨克斯坦	Kazakhstan		247	
韩国	Korea, Republic of	1672	1538	1608
马来西亚	Malaysia	338	305	303
蒙古国	Mongolia	336	298	
巴拿马	Panama	358	368	395
波兰	Poland	758		660
葡萄牙	Portugal		529	548
罗马尼亚	Romania	382		
俄罗斯	Russian Federation		255	
斯洛伐克	Slovakia	695	606	629
斯洛文尼亚	Slovenia		1121	1140
斯里兰卡	Sri Lanka	106	111	117
土耳其	Turkey	642		
乌克兰	Ukraine			100
越南	Viet Nam	138	151	159

说明:空格表示数据无法获取。

Explanation: A blank indicates that the data is not available.

4.4 "一带一路"样本国家的不同行业雇员的小时平均劳动力成本
Average hourly labor costs for employees in different industries in "the Belt and Road" sample countries

4.4.1 "一带一路"样本国家的住宿餐饮服务业雇员的小时平均劳动力成本
Average hourly labor costs for employees in accommodation and food service industry in "the Belt and Road" sample countries

资料来源：国际劳工组织数据库

Source: ILO Database

单位：美元（US dollars）

国家与地区	Countries and Regions	2014	2015	2016
亚美尼亚	Armenia	0.56		
奥地利	Austria	23.62	21.85	22.68
阿塞拜疆	Azerbaijan	4.65	3.60	2.36
白俄罗斯	Belarus			2.76
保加利亚	Bulgaria	3.26	2.78	2.83
哥斯达黎加	Costa Rica		3.32	
捷克共和国	Czech Republic	7.15	6.46	6.88
厄瓜多尔	Ecuador	2.30	2.20	
希腊	Greece	10.88	8.32	8.96
匈牙利	Hungary	5.89	5.08	5.26
以色列	Israel	11.18	10.81	10.66
立陶宛	Lithuania	5.17	4.77	5.31
摩尔多瓦	Moldova, Republic of		1.01	1.05
新西兰	New Zealand	14.97	13.02	13.26
波兰	Poland	6.97	6.02	6.21
葡萄牙	Portugal	10.48	8.98	8.96
罗马尼亚	Romania	3.49	3.20	3.70
斯洛伐克	Slovakia	7.56	6.77	7.19
斯洛文尼亚	Slovenia	14.99	12.75	12.72

说明：空格表示数据无法获取。

Explanation: A blank indicates that the data is not available.

4.4.2 "一带一路"样本国家的文艺娱乐业雇员的小时平均劳动力成本
Average hourly labor costs for employees in art and recreation industry in "the Belt and Road" sample countries

资料来源：国际劳工组织数据库

Source: ILO Database

单位：美元（US dollars）

国家与地区	Countries and Regions	2014	2015	2016
亚美尼亚	Armenia	1.28		

续表

国家与地区	Countries and Regions	2014	2015	2016
奥地利	Austria	38.34	34.27	34.51
阿塞拜疆	Azerbaijan	2.51	1.96	1.30
白俄罗斯	Belarus			3.37
保加利亚	Bulgaria	4.00	3.80	4.41
哥斯达黎加	Costa Rica		5.84	
捷克共和国	Czech Republic	9.65	8.64	9.16
厄瓜多尔	Ecuador	3.80	6.24	
希腊	Greece	20.30	16.86	17.26
匈牙利	Hungary	11.92	9.62	10.49
以色列	Israel	17.05	15.95	15.56
立陶宛	Lithuania	6.37	5.77	6.19
新西兰	New Zealand	22.63	19.40	20.37
波兰	Poland	9.64	8.33	8.34
罗马尼亚	Romania	4.42	3.99	4.58
斯洛伐克	Slovakia	9.15	8.10	8.63
斯洛文尼亚	Slovenia	22.02	18.85	19.03

说明:空格表示数据无法获取。

Explanation: A blank indicates that the data is not available.

4.4.3 "一带一路"样本国家的建筑业雇员的小时平均劳动力成本

Average hourly labor costs for employees in construction industry in "the Belt and Road" sample countries

资料来源:国际劳工组织数据库

Source: ILO Database

单位:美元(US dollars)

国家与地区	Countries and Regions	2014	2015	2016
亚美尼亚	Armenia	1.91		
奥地利	Austria	41.00	35.27	35.07
阿塞拜疆	Azerbaijan	6.06	4.88	3.90
白俄罗斯	Belarus			3.52
保加利亚	Bulgaria	4.21	3.80	4.02
哥斯达黎加	Costa Rica		3.18	
捷克共和国	Czech Republic	11.27	10.12	10.43
厄瓜多尔	Ecuador	2.42	2.56	
希腊	Greece	16.72	12.64	12.39
匈牙利	Hungary	7.65	6.68	6.68
以色列	Israel	17.05	15.95	16.34
立陶宛	Lithuania	8.62	7.43	7.96
摩尔多瓦	Moldova, Republic of		1.58	1.66

国家与地区	Countries and Regions	2014	2015	2016
新西兰	New Zealand	22.24	18.93	19.20
波兰	Poland	9.57	8.36	8.40
葡萄牙	Portugal	15.26	13.09	13.16
罗马尼亚	Romania	4.51	4.24	4.75
斯洛伐克	Slovakia	10.75	10.09	10.29
斯洛文尼亚	Slovenia	15.26	12.87	12.83
土耳其	Turkey	6.21	5.70	

说明:空格表示数据无法获取。

Explanation: A blank indicates that the data is not available.

4.4.4 "一带一路"样本国家的教育业雇员的小时平均劳动力成本

Average hourly labor costs for employees in education industry in "the Belt and Road" sample countries

资料来源:国际劳工组织数据库

Source: ILO Database

单位:美元(US dollars)

国家与地区	Countries and Regions	2014	2015	2016
亚美尼亚	Armenia	1.89		
奥地利	Austria	42.59	36.38	35.62
阿塞拜疆	Azerbaijan	3.11	2.40	1.56
白俄罗斯	Belarus			3.07
保加利亚	Bulgaria	5.29	4.65	4.98
哥斯达黎加	Costa Rica		10.06	
捷克共和国	Czech Republic	11.82	10.23	10.58
厄瓜多尔	Ecuador	4.45	4.50	
希腊	Greece	22.42	18.30	19.25
匈牙利	Hungary	10.01	8.09	8.48
以色列	Israel	25.71	24.44	24.25
立陶宛	Lithuania	8.62	7.54	7.74
新西兰	New Zealand	27.30	23.14	23.89
波兰	Poland	14.80	12.60	12.22
罗马尼亚	Romania	6.18	5.52	6.75
斯洛伐克	Slovakia	11.68	10.09	10.73
斯洛文尼亚	Slovenia	20.96	17.63	18.80

说明:空格表示数据无法获取。

Explanation: A blank indicates that the data is not available.

4.4.5 "一带一路"样本国家的电力、燃气、热力、空调业雇员的小时平均劳动力成本

Average hourly labor costs for employees in electricity, gas, heat, air condition industry
in "the Belt and Road" sample countries

资料来源:国际劳工组织数据库

Source: ILO Database

单位:美元(US dollars)

国家与地区	Countries and Regions	2014	2015	2016
亚美尼亚	Armenia	2.78		
奥地利	Austria	63.68	54.12	54.53
阿塞拜疆	Azerbaijan	5.05	4.13	2.56
白俄罗斯	Belarus			3.32
保加利亚	Bulgaria	11.06	9.52	10.01
哥斯达黎加	Costa Rica		8.28	
捷克共和国	Czech Republic	20.78	17.32	18.15
厄瓜多尔	Ecuador	4.47	6.28	
希腊	Greece	37.94	35.82	31.97
匈牙利	Hungary	18.33	15.71	16.02
立陶宛	Lithuania	11.41	9.98	10.29
摩尔多瓦	Moldova, Republic of		3.32	3.39
新西兰	New Zealand	35.88	31.11	31.35
波兰	Poland	17.47	14.96	15.04
葡萄牙	Portugal	31.05	26.51	27.10
罗马尼亚	Romania	11.35	9.34	9.68
斯洛伐克	Slovakia	21.36	17.63	18.80
斯洛文尼亚	Slovenia	32.77	26.84	27.76

说明:空格表示数据无法获取。

Explanation: A blank indicates that the data is not available.

4.4.6 "一带一路"样本国家的金融保险业雇员的小时平均劳动力成本

Average hourly labor costs for employees in finance and insurance industry
in "the Belt and Road" sample countries

资料来源:国际劳工组织数据库

Source: ILO Database

单位:美元(US dollars)

国家与地区	Countries and Regions	2014	2015	2016
亚美尼亚	Armenia	5.34		
奥地利	Austria	76.42	57.34	57.74
阿塞拜疆	Azerbaijan	11.77	9.02	6.00
白俄罗斯	Belarus			5.83
保加利亚	Bulgaria	9.02	7.76	8.20

国家与地区	Countries and Regions	2014	2015	2016
哥斯达黎加	Costa Rica		6.92	
捷克共和国	Czech Republic	22.97	19.35	19.96
厄瓜多尔	Ecuador	5.15	5.60	
希腊	Greece	33.04	26.28	27.65
匈牙利	Hungary	19.61	16.49	17.17
以色列	Israel	41.92	39.62	39.34
立陶宛	Lithuania	16.05	14.42	15.26
摩尔多瓦	Moldova, Republic of		3.40	3.78
新西兰	New Zealand	35.45	29.28	29.11
波兰	Poland	17.15	15.20	15.32
葡萄牙	Portugal	46.70	39.59	38.60
罗马尼亚	Romania	13.29	11.81	11.95
斯洛伐克	Slovakia	22.55	19.30	19.91
斯洛文尼亚	Slovenia	31.97	26.62	27.88

说明:空格表示数据无法获取。

Explanation: A blank indicates that the data is not available.

4.4.7 "一带一路"样本国家的人类健康与社会工作业雇员的小时平均劳动力成本

Average hourly labor costs for employees in human health and social work industry in "the Belt and Road" sample countries

资料来源:国际劳工组织数据库

Source: ILO Database

单位:美元(US dollars)

国家与地区	Countries and Regions	2014	2015	2016
亚美尼亚	Armenia	1.63		
奥地利	Austria	38.08	32.94	33.30
阿塞拜疆	Azerbaijan	2.04	1.61	1.09
白俄罗斯	Belarus			3.22
保加利亚	Bulgaria	5.22	4.70	5.09
哥斯达黎加	Costa Rica		7.43	
捷克共和国	Czech Republic	11.88	10.59	11.24
厄瓜多尔	Ecuador	5.07	4.91	
希腊	Greece	16.05	13.42	13.61
匈牙利	Hungary	9.11	7.76	7.84
以色列	Israel	24.60	23.16	24.13
立陶宛	Lithuania	8.09	7.10	7.63
摩尔多瓦	Moldova, Republic of		1.83	1.95
新西兰	New Zealand	24.74	21.10	20.83
波兰	Poland	9.64	8.28	8.37
罗马尼亚	Romania	5.70	5.14	6.33

国家与地区	Countries and Regions	2014	2015	2016
斯洛伐克	Slovakia	12.07	10.31	10.95
斯洛文尼亚	Slovenia	20.83	17.30	18.36

说明:空格表示数据无法获取。

Explanation: A blank indicates that the data is not available.

4.4.8 "一带一路"样本国家的信息通讯业雇员的小时平均劳动力成本

Average hourly labor costs for employees in information and communication industry in "the Belt and Road" sample countries

资料来源:国际劳工组织数据库

Source: ILO Database

单位:美元(US dollars)

国家与地区	Countries and Regions	2014	2015	2016
亚美尼亚	Armenia	3.61		
奥地利	Austria	55.99	48.47	49.11
阿塞拜疆	Azerbaijan	7.36	5.71	3.87
白俄罗斯	Belarus			8.39
保加利亚	Bulgaria	11.06	10.03	10.92
哥斯达黎加	Costa Rica		6.34	
捷克共和国	Czech Republic	22.68	19.75	20.02
厄瓜多尔	Ecuador	4.11	5.12	
希腊	Greece	21.36	17.97	16.70
匈牙利	Hungary	18.31	15.67	16.06
以色列	Israel	38.29	37.82	39.26
立陶宛	Lithuania	15.26	13.42	14.49
摩尔多瓦	Moldova, Republic of		3.74	4.18
新西兰	New Zealand	33.57	29.09	29.56
波兰	Poland	18.61	16.21	16.28
葡萄牙	Portugal	27.33	22.85	23.01
罗马尼亚	Romania	11.97	10.76	12.10
斯洛伐克	Slovakia	23.09	20.96	20.91
斯洛文尼亚	Slovenia	28.92	25.84	25.11

说明:空格表示数据无法获取。

Explanation: A blank indicates that the data is not available.

4.4.9 "一带一路"样本国家的制造业雇员的小时平均劳动力成本

Average hourly labor costs for employees in manufacture industry in "the Belt and Road" sample countries

资料来源:国际劳工组织数据库

Source: ILO Database

单位:美元(US dollars)

国家与地区	Countries and Regions	2014	2015	2016
亚美尼亚	Armenia	1.46		
奥地利	Austria	45.51	38.82	39.27
阿塞拜疆	Azerbaijan	5.04	4.18	2.79
白俄罗斯	Belarus			3.67
保加利亚	Bulgaria	4.21	3.80	4.13
哥斯达黎加	Costa Rica		4.53	
捷克共和国	Czech Republic	12.25	10.79	11.17
厄瓜多尔	Ecuador	2.78	3.06	
希腊	Greece	19.50	16.19	16.15
匈牙利	Hungary	9.97	8.61	9.03
以色列	Israel	28.23	27.27	28.28
立陶宛	Lithuania	8.09	7.32	7.85
摩尔多瓦	Moldova, Republic of		1.74	1.78
新西兰	New Zealand	22.51	19.68	19.98
波兰	Poland	9.80	8.46	8.47
葡萄牙	Portugal	14.06	12.20	12.50
罗马尼亚	Romania	5.55	4.87	5.25
斯洛伐克	Slovakia	13.00	11.31	11.73
斯洛文尼亚	Slovenia	20.30	17.08	17.59

说明:空格表示数据无法获取。

Explanation: A blank indicates that the data is not available.

4.4.10 "一带一路"样本国家的采矿采石业雇员的小时平均劳动力成本

Average hourly labor costs for employees in mining and quarrying industry in "the Belt and Road" sample countries

资料来源:国际劳工组织数据库

Source: ILO Database

单位:美元(US dollars)

国家与地区	Countries and Regions	2014	2015	2016
亚美尼亚	Armenia	4.00		
奥地利	Austria	51.48	44.70	44.80
阿塞拜疆	Azerbaijan	19.20	18.27	14.60
白俄罗斯	Belarus			6.23

国家与地区	Countries and Regions	2014	2015	2016
保加利亚	Bulgaria	9.56	8.22	8.43
哥斯达黎加	Costa Rica		3.32	
捷克共和国	Czech Republic	15.98	13.76	13.83
厄瓜多尔	Ecuador	6.49	5.36	
希腊	Greece	27.33	22.29	22.90
匈牙利	Hungary	11.89	9.86	9.69
立陶宛	Lithuania	10.08	8.87	9.40
摩尔多瓦	Moldova,Republic of		1.75	1.56
新西兰	New Zealand	32.93	29.25	29.73
波兰	Poland	20.03	16.69	15.40
葡萄牙	Portugal	16.85	13.31	13.27
罗马尼亚	Romania	14.06	12.13	11.83
斯洛伐克	Slovakia	14.20	12.42	13.27
斯洛文尼亚	Slovenia	26.27	21.40	22.57

说明:空格表示数据无法获取。

Explanation: A blank indicates that the data is not available.

4.4.11 "一带一路"样本国家的运输与仓储业雇员的小时平均劳动力成本

Average hourly labor costs for employees in transportation and storage industry in "the Belt and Road" sample countries

资料来源:国际劳工组织数据库

Source: ILO Database

单位:美元(US dollars)

国家与地区	Countries and Regions	2014	2015	2016
亚美尼亚	Armenia	1.38		
奥地利	Austria	37.15	32.61	30.97
阿塞拜疆	Azerbaijan	5.34	4.58	3.33
白俄罗斯	Belarus			3.77
保加利亚	Bulgaria	5.16	4.48	4.64
哥斯达黎加	Costa Rica		3.47	
捷克共和国	Czech Republic	11.62	10.10	10.50
厄瓜多尔	Ecuador	2.76	3.39	
希腊	Greece	25.61	20.30	19.91
匈牙利	Hungary	9.46	8.23	8.48
以色列	Israel	20.96	20.07	20.49
立陶宛	Lithuania	9.55	8.21	8.96
摩尔多瓦	Moldova,Republic of		1.52	1.62
新西兰	New Zealand	22.55	19.60	19.75
波兰	Poland	9.89	8.54	8.34
葡萄牙	Portugal	20.17	17.30	17.59
罗马尼亚	Romania	6.42	5.67	6.04

国家与地区	Countries and Regions	2014	2015	2016
斯洛伐克	Slovakia	10.61	9.21	9.62
斯洛文尼亚	Slovenia	20.17	16.75	16.92

说明：空格表示数据无法获取。

Explanation: A blank indicates that the data is not available.

4.4.12 "一带一路"样本国家的批发零售、车辆修理业雇员的小时平均劳动力成本

Average hourly labor costs for employees in wholesale, retail, repair vehicles industry
in "the Belt and Road" sample countries

资料来源：国际劳工组织数据库

Source: ILO Database

单位：美元(US dollars)

国家与地区	Countries and Regions	2014	2015	2016
亚美尼亚	Armenia	0.85		
奥地利	Austria	37.28	32.38	32.74
阿塞拜疆	Azerbaijan	3.61	2.73	1.80
白俄罗斯	Belarus			2.92
保加利亚	Bulgaria	4.54	4.08	4.52
哥斯达黎加	Costa Rica		3.96	
捷克共和国	Czech Republic	11.56	10.12	10.40
厄瓜多尔	Ecuador	2.62	2.76	
希腊	Greece	18.44	15.31	15.04
匈牙利	Hungary	8.64	7.45	7.80
以色列	Israel	18.17	16.72	17.20
立陶宛	Lithuania	7.70	6.77	7.41
摩尔多瓦	Moldova, Republic of		1.27	1.34
新西兰	New Zealand	19.24	16.56	17.16
波兰	Poland	8.72	7.61	7.71
葡萄牙	Portugal	16.32	13.75	13.61
罗马尼亚	Romania	5.46	5.04	5.64
斯洛伐克	Slovakia	11.81	10.43	10.18
斯洛文尼亚	Slovenia	19.50	16.75	16.92

第5章 "一带一路"国家的劳动保障水平
Chapter 5 Labor security level of "the Belt and Road" countries

本章分析介绍"一带一路"国家的社会保障制度、社会保障待遇、工作贫困率、社会支出、卫生费用支出、工时、工伤、罢工、劳动监察等情况。

This chapter analyzes and introduces the social security system, social security benefits, working poverty rate, social expenditure, health expenditure, working hours, work injury, strike, labor supervision of "the Belt and Road" countries.

5.1 "一带一路"样本国家的社会保障制度
Social security systems in "the Belt and Road" sample countries

5.1.1 "一带一路"样本国家的预期寿命与法定退休年龄
Life expectancy and statutory retirement ages in "the Belt and Road" sample countries

资料来源:国际社会保障协会数据库

Source: ISSA Database

单位:岁(years)

国家与地区	Countries and Regions	男预期寿命 Life expectancy at birth-men	女预期寿命 Life expectancy at birth-women	男退休年龄 Statutory pensionable age-men	女退休年龄 Statutory pensionable age-women
亚美尼亚	Armenia	70.9	78.6	63	63
奥地利	Austria	78.5	83.4	65	60
阿塞拜疆	Azerbaijan	67.7	74	63	60
孟加拉国	Bangladesh	70.4	72.9	65	62
白俄罗斯	Belarus	68.9	79	61	56
保加利亚	Bulgaria	71.2	78.2	64	61
喀麦隆	Cameroon	53.9	56.2	60	60
智利	Chile	78.3	84.2	65	60
中国	China	74.3	77.3	60	60
哥斯达黎加	Costa Rica	76.8	81.8	65	65
捷克共和国	Czech Republic	75.6	81.2	63	63
厄瓜多尔	Ecuador	72.9	78.5	60	60
埃及	Egypt	68.8	73.6	60	60
加纳	Ghana	60.2	62.1	60	60
希腊	Greece	78.5	83.7	67	67
匈牙利	Hungary	72.3	79	64	64

国家与地区	Countries and Regions	男预期寿命 Life expectancy at birth-men	女预期寿命 Life expectancy at birth-women	男退休年龄 Statutory pensionable age-men	女退休年龄 Statutory pensionable age-women
以色列	Israel	80.3	84.1	70	68
哈萨克斯坦	Kazakhstan	67.1	75.9	63	58
韩国	Korea, Republic of	79	85.5	61	61
立陶宛	Lithuania	69.2	79.7	63.67	62.33
马来西亚	Malaysia	73.2	77.7	55	55
摩尔多瓦	Moldova, Republic of	67.3	75.9	62.33	57.5
新西兰	New Zealand	79.9	83.4	65	65
巴拿马	Panama	74.9	80.9	62	57
菲律宾	Philippines	65.8	72.7	60	60
波兰	Poland	73.5	81.6	65	60
葡萄牙	Portugal	78.2	84.2	66.33	66.33
罗马尼亚	Romania	71.5	78.7	65	60.75
俄罗斯联邦	Russian Federation	66.5	76.9	60	55
斯洛伐克	Slovakia	73.1	80.2	62.38	62.38
斯洛文尼亚	Slovenia	77.8	83.9	65	64
斯里兰卡	Sri Lanka	71.9	78.6	55	50
土耳其	Turkey	72.5	79	60	58
乌克兰	Ukraine	66.7	76.5	60	58
越南	Viet Nam	63.5	66.4	60	55

说明:本表为 2017 年的数据。

Explanation: This table is the data of 2017.

5.1.2 "一带一路"样本国家的社会保障项目
Social security programs in "the Belt and Road" sample countries

资料来源:国际社会保障协会数据库

Source: ISSA Database

国家与地区	Countries and Regions	"老残遗"待遇 Old-age disability and survivors benefits	疾病现金待遇 Cash sickness benefits	生育现金待遇 Cash maternity benefits	医疗待遇 Medical benefits	工伤待遇 Work injury benefits	失业待遇 Unemployment benefits	家庭津贴 Family allowances
亚美尼亚	Armenia	×	×	×	×	×	×	×
奥地利	Austria	×	×	×	×	×	×	×
阿塞拜疆	Azerbaijan	×	×	×	×	×	×	×
孟加拉国	Bangladesh	×	×	×	×	×	o	o
白俄罗斯	Belarus	×	×	×	×	×	×	×
保加利亚	Bulgaria	×	×	×	×	×	×	×
喀麦隆	Cameroon	×	×	×	×	×	o	×
智利	Chile	×	×	×	×	×	×	×

续 表

国家与地区	Countries and Regions	"老残遗"待遇 Old-age disability and survivors benefits	疾病现金待遇 Cash sickness benefits	生育现金待遇 Cash maternity benefits	医疗待遇 Medical benefits	工伤待遇 Work injury benefits	失业待遇 Unemployment benefits	家庭津贴 Family allowances
中国	China	×	×	×	×	×	×	
哥斯达黎加	Costa Rica	×	×	×	×	×	o	×
捷克共和国	Czech Republic	×	×	×	×	×	×	×
厄瓜多尔	Ecuador	×	×	×	×	×	×	×
埃及	Egypt	×	×	×	×	×	×	o
加纳	Ghana	×	o	×	×	×	o	o
希腊	Greece	×	×	×	×	×	×	×
匈牙利	Hungary	×	×	×	×	×	×	×
以色列	Israel	×	×	×	×	×	×	×
哈萨克斯坦	Kazakhstan	×	×	×	×	×	×	×
韩国	Korea, Republic of	×	×	×	×	×	×	×
立陶宛	Lithuania	×	×	×	×	×	×	×
马来西亚	Malaysia	×	×	×	×	×		×
摩尔多瓦	Moldova, Republic of	×	×	×	×	×	×	×
新西兰	New Zealand	×	×	×	×	×	o	×
巴拿马	Panama	×	×	×	×	×	o	×
菲律宾	Philippines	×	×	×	×	×	o	×
波兰	Poland	×	×	×	×	×	×	×
葡萄牙	Portugal	×	×	×	×	×	×	×
罗马尼亚	Romania	×	×	×	×	×	×	×
俄罗斯联邦	Russian Federation	×	×	×	×	×	×	×
斯洛伐克	Slovakia	×	×	×	×	×	×	×
斯洛文尼亚	Slovenia	×	×	×	×	×	×	×
斯里兰卡	Sri Lanka	×	×	×	×	×	o	×
土耳其	Turkey	×	×	×	×	×	×	o
乌克兰	Ukraine	×	×	×	×	×	×	×
越南	Viet Nam	×	×	×	×	×	×	×

说明:×表示有,o 表示没有。本表为 2017 年的数据。

Explanation: × means yes, blank means no. This table shows the data for 2017.

5.1.3 "一带一路"样本国家的养老金项目构成
The composition of pension schemes in "the Belt and Road" sample countries

资料来源：国际社会保障协会数据库
Source: ISSA Database

国家与地区	Countries and Regions	定额养老金 Flat rate pension	收入关联养老金 Earnings-related pension	家庭经济调查养老金 Means-tested pension	普惠养老金 Universal pension	公积金 Provident funds	个人账户退休计划 Individual retirement schemes
亚美尼亚	Armenia	×	×	×			×
奥地利	Austria		×	×			
阿塞拜疆	Azerbaijan	×	×	×			
孟加拉国	Bangladesh			×			
白俄罗斯	Belarus	×	×	×			
保加利亚	Bulgaria		×	×			
喀麦隆	Cameroon		×				
智利	Chile		×	×			×
中国	China		×	×			×
哥斯达黎加	Costa Rica		×	×			×
捷克共和国	Czech Republic	×	×				
厄瓜多尔	Ecuador		×	×			
埃及	Egypt		×				
加纳	Ghana		×				
希腊	Greece		×	×	×		
匈牙利	Hungary		×				
以色列	Israel	×		×			
哈萨克斯坦	Kazakhstan			×	×		
韩国	Korea, Republic of		×	×			
立陶宛	Lithuania	×	×	×			
马来西亚	Malaysia			×		×	
摩尔多瓦	Moldova, Republic of		×	×			
新西兰	New Zealand		×	×			
巴拿马	Panama		×	×			
菲律宾	Philippines	×	×				
波兰	Poland	×	×				×
葡萄牙	Portugal		×	×			
罗马尼亚	Romania		×				
俄罗斯联邦	Russian Federation	×	×	×			
斯洛伐克	Slovakia		×				

续表

国家与地区	Countries and Regions	定额养老金 Flat rate pension	收入关联养老金 Earnings-related pension	家庭经济调查养老金 Means-tested pension	普惠养老金 Universal pension	公积金 Provident funds	个人账户退休计划 Individual retirement schemes
斯洛文尼亚	Slovenia		×				
斯里兰卡	Sri Lanka					×	
土耳其	Turkey		×				
乌克兰	Ukraine		×				
越南	Viet Nam		×				

说明:×表示有,空白表示没有。本表为 2017 年的数据。

Explanation: × means yes, blank means no. This table shows the data for 2017.

5.1.4　"一带一路"样本国家的"老年、残疾、遗属"保障筹资类型
"Old age, disability, survivors" security financing type in "the Belt and Road" sample countries

资料来源:国际社会保障协会数据库

Source: ISSA Database

国家与地区	Countries and Regions	2017 年　in 2017
亚美尼亚	Armenia	社会保险、强制个人账户与社会救助制度 Social insurance, mandatory individual account, and social assistance system
奥地利	Austria	社会保险制度 Social insurance system
阿塞拜疆	Azerbaijan	名义账户与社会救助制度 Notional defined contribution (NDC) and social assistance system
孟加拉国	Bangladesh	社会救助制度 Social assistance system
白俄罗斯	Belarus	社会保险与社会救助制度 Social insurance and social assistance system
保加利亚	Bulgaria	社会保险、个人账户与社会救助制度 Social insurance, individual account, and social assistance system
喀麦隆	Cameroon	社会保险制度 Social insurance system
智利	Chile	社会保险、强制个人账户、社会救助和普惠制度（儿童待遇）Social insurance, mandatory individual account, social assistance, and universal (child benefit) system
中国	China	社会保险、个人账户与非缴费制度 Social insurance, individual account, and noncontributory system
哥斯达黎加	Costa Rica	社会保险与强制个人账户制度 Social insurance and mandatory individual account system
捷克共和国	Czech Republic	普惠制度(丧葬费)社会保险制度 Universal (funeral grant) and social insurance system
厄瓜多尔	Ecuador	社会保险与社会救助制度 Social insurance and social assistance system
埃及	Egypt	社会保险制度 Social insurance system
加纳	Ghana	社会保险与强制职业养老金制度 Social insurance and mandatory occupational pension system
希腊	Greece	普惠,社会保障与社会救助制度 Universal, social insurance and social assistance system
匈牙利	Hungary	社会保险制度 Social insurance system
以色列	Israel	社会保险与社会救助制度 Social insurance and social assistance system
哈萨克斯坦	Kazakhstan	普惠、社会保险、强制个人账户与社会救助制度 Universal, social insurance, mandatory individual account, and social assistance system
韩国	Korea, Republic of	社会保险与社会救助制度 Social insurance and social assistance system

续表

国家与地区	Countries and Regions	2017 年 in 2017
立陶宛	Lithuania	社会保险与社会救助制度 Social insurance and social assistance system
马来西亚	Malaysia	社会保险、公积金与社会救助制度 Social insurance, provident fund, and social assistance system
摩尔多瓦	Moldova, Republic of	社会保险与社会救助制度 Social insurance and social assistance system
新西兰	New Zealand	普惠与社会救助制度 Universal and social assistance system
巴拿马	Panama	社会保险、强制个人账户与社会救助制度 Social insurance, mandatory individual account and social assistance system
菲律宾	Philippines	社会保险与社会救助制度 Social insurance and social assistance system
波兰	Poland	社会保险、名义账户与个人账户制度 Social insurance, notional defined contribution (NDC), and individual account systems
葡萄牙	Portugal	社会保险与社会救助制度 Social insurance and social assistance system
罗马尼亚	Romania	社会保险与强制个人账户制度 Social insurance and mandatory individual account system
俄罗斯联邦	Russian Federation	社会保险与社会救助制度 Social insurance and social assistance system
斯洛伐克	Slovakia	普惠(丧葬费)、社会保险与个人账户制度 Universal (funeral grant), social insurance, and individual account system
斯洛文尼亚	Slovenia	社会保险与社会救助制度 Social insurance and social assistance system
斯里兰卡	Sri Lanka	公积金与信托基金制度 Provident fund and trust fund system
土耳其	Turkey	社会保险制度 Social insurance system
乌克兰	Ukraine	社会保险与社会救助制度 Social insurance and social assistance system
越南	Viet Nam	社会保险与社会救助制度 Social insurance and social assistance system

说明:本表为 2017 年的数据。

Explanation: This table is the data of 2017.

5.1.5 “一带一路”样本国家的“疾病与生育”保障筹资类型

"Sickness and maternity" security financing type in "the Belt and Road" sample countries

资料来源:国际社会保障协会数据库

Source: ISSA Database

国家与地区	Countries and Regions	2017 年 in 2017
亚美尼亚	Armenia	普惠(育儿、收养补贴与医疗待遇)、社会保险(现金待遇)、社会救助(生育待遇)制度 Universal (birth or adoption grant and medical benefits), social insurance (cash benefits), and social assistance (maternity benefits) system
奥地利	Austria	社会保险制度 Social insurance system
阿塞拜疆	Azerbaijan	普惠(医疗待遇)与社会保险(现金待遇)制度 Universal (medical benefits) and social insurance (cash benefits) system
孟加拉国	Bangladesh	雇主责任制度 Employer-liability system
白俄罗斯	Belarus	普惠(医疗待遇与产前照护补助金)与社会保险(现金待遇)制度 Universal (medical benefits and prenatal care grant) and social insurance (cash benefits) system
保加利亚	Bulgaria	社会保险制度 Social insurance system
喀麦隆	Cameroon	社会保险(生育津贴与产前补贴)与雇主责任(病假工资与医疗待遇)制度 Social insurance (cash maternity and prenatal benefits) and employer-liability (cash sickness and medical benefits) system

·130·

续表

国家与地区	Countries and Regions	2017 年 in 2017
智利	Chile	社会保险与强制私人保险制度 Social insurance and mandatory private insurance system
中国	China	社会保险(现金待遇与医疗待遇)与强制个人账户(医疗待遇)制度 Social insurance (cash and medical benefits) and mandatory individual account (medical benefits) system
哥斯达黎加	Costa Rica	社会保险制度 Social insurance system
捷克共和国	Czech Republic	社会保险制度 Social insurance system
厄瓜多尔	Ecuador	社会保险与雇主责任制度 Social insurance and employer-liability system
埃及	Egypt	社会保险制度 Social insurance system
加纳	Ghana	社会保险(医疗待遇)与雇主责任(生育津贴)待遇 Social insurance (medical benefits) and employer-liability (cash maternity benefits) system
希腊	Greece	社会保险制度 Social insurance system
匈牙利	Hungary	社会保险制度 Social insurance system
以色列	Israel	社会保险制度 Social insurance system
哈萨克斯坦	Kazakhstan	普惠(医疗待遇与生育补助金)、社会保险(生育津贴与儿童照护津贴)与雇主责任(病假工资)制度 Universal (medical benefits and birth grant), social insurance (cash maternity and child care benefits), and employer-liability (cash sickness benefit) system
韩国	Korea, Republic of	社会保险与社会救助制度 Social insurance and Social assistance system
立陶宛	Lithuania	社会保险制度 Social insurance system
马来西亚	Malaysia	公积金(医疗待遇)与雇主责任(现金待遇)制度 Provident fund (medical benefits only) and employer-liability (cash benefits) system
摩尔多瓦	Moldova, Republic of	社会保险(现金待遇与医疗待遇)与社会救助(医疗待遇)制度 Social insurance (cash and medical benefits) and social assistance (medical benefits only) system
新西兰	New Zealand	普惠与社会救助制度 Universal and social assistance system
巴拿马	Panama	社会保险制度 Social insurance system
菲律宾	Philippines	社会保险制度 Social insurance system
波兰	Poland	社会保险制度 Social insurance system
葡萄牙	Portugal	普惠(医疗待遇)、社会保险(现金待遇)与社会救助(现金待遇)制度 Universal (medical benefits), social insurance (cash benefits), and social assistance (cash benefits) system
罗马尼亚	Romania	社会保险(现金待遇与医疗待遇)与社会救助(医疗待遇)制度 Social insurance (cash and medical benefits) and social assistance (medical benefits) system
俄罗斯联邦	Russian Federation	社会保险制度 Social insurance system
斯洛伐克	Slovakia	普惠(医疗待遇)与社会保险(现金待遇)制度 Universal (medical benefits) and social insurance (cash benefits) system
斯洛文尼亚	Slovenia	社会保险制度 Social insurance system
斯里兰卡	Sri Lanka	普惠(医疗待遇)与雇主责任(现金待遇)制度 Universal (medical benefits) and employer-liability (cash benefits) system
土耳其	Turkey	社会保险(现金待遇)与普惠(医疗待遇)制度 Social insurance system (cash benefits) and universal (medical benefits)
乌克兰	Ukraine	普惠(医疗待遇)、社会保险(现金待遇)与社会救助(父母假补贴)制度 Universal (medical benefits), social insurance (cash benefits), and social assistance (parental leave) system
越南	Viet Nam	社会保险制度 Social insurance system

说明:本表为 2017 年的数据。

Explanation: This table is the data of 2017.

5.1.6 "一带一路"样本国家的"工伤"保障筹资类型
"Work injury" security financing type in "the Belt and Road" sample countries

资料来源:国际社会保障协会数据库
Source: ISSA Database

国家与地区	Countries and Regions	2017 年 in 2017
亚美尼亚	Armenia	社会保险制度 Social insurance system
奥地利	Austria	社会保险制度 Social insurance system
阿塞拜疆	Azerbaijan	雇主责任制度(通过私人运营商实施) Employer-liability system through a private carrier
孟加拉国	Bangladesh	雇主责任制度 Employer-liability system
白俄罗斯	Belarus	社会保险制度 Social insurance system
保加利亚	Bulgaria	社会保险制度 Social insurance system
喀麦隆	Cameroon	社会保险制度 Social insurance system
智利	Chile	社会保险制度 Social insurance system
中国	China	社会保险与雇主责任制度 Social insurance and employer-liability system
哥斯达黎加	Costa Rica	通过公共运营商(国家保险局)实施的雇主责任制度 Employer-liability system through a public carrier (National Insurance Institute)
捷克共和国	Czech Republic	社会保险与雇主责任制度 Social insurance and employer-liability system
厄瓜多尔	Ecuador	社会保险制度 Social insurance system
埃及	Egypt	社会保险制度 Social insurance system
加纳	Ghana	雇主责任制度,通常通过私人保险商实施。 Employer-liability system, normally involving insurance through private carriers.
希腊	Greece	社会保险制度 Social insurance system
匈牙利	Hungary	社会保险制度 Social insurance system
以色列	Israel	社会保险制度 Social insurance system
哈萨克斯坦	Kazakhstan	雇主责任(通常通过私人机构实施)与社会救助制度 Employer-liability (normally through a private carrier) and social assistance system
韩国	Korea, Republic of	社会保险制度 Social insurance system
立陶宛	Lithuania	社会保险制度 Social insurance system
马来西亚	Malaysia	社会保险制度 Social insurance system
摩尔多瓦	Moldova, Republic of	社会保险制度 Social insurance system
新西兰	New Zealand	普惠与雇主责任制度(通过公共机构实施) Universal and employer-liability (through a public carrier) system
巴拿马	Panama	雇主责任制度(通过公共机构实施) Employer-liability system through a public carrier
菲律宾	Philippines	社会保险与社会救助制度 Social insurance and social assistance system
波兰	Poland	社会保险制度 Social insurance system
葡萄牙	Portugal	社会保险(职业病)与雇主责任(工伤事故)制度 Social insurance (occupational diseases) and employer-liability (work injury) system
罗马尼亚	Romania	社会保险制度 Social insurance system
俄罗斯联邦	Russian Federation	社会保险制度 Social insurance system
斯洛伐克	Slovakia	社会保险制度 Social insurance system
斯洛文尼亚	Slovenia	社会保险制度 Social insurance system

续表

国家与地区	Countries and Regions	2017 年 in 2017
斯里兰卡	Sri Lanka	普惠(医疗待遇)与雇主责任制度 Universal (medical benefits) and employer-liability system
土耳其	Turkey	社会保险制度 Social insurance system
乌克兰	Ukraine	普惠(医疗待遇)与社会保险(现金待遇)制度 Universal (medical benefits) and social insurance (cash benefits) system
越南	Viet Nam	社会保险制度与雇主责任(临时伤残)制度 Social insurance system and employer liability (temporary disability) system

说明:本表为 2017 年的数据。

Explanation: This table is the data of 2017.

5.1.7 "一带一路"样本国家的"失业"保障筹资类型
"Unemployment" security financing type in "the Belt and Road" sample countries

资料来源:国际社会保障协会数据库

Source: ISSA Database

国家与地区	Countries and Regions	2017 年 in 2017
亚美尼亚	Armenia	没有法定的失业待遇提供 No statutory unemployment benefits are provided
奥地利	Austria	社会保险制度 Social insurance system
阿塞拜疆	Azerbaijan	社会保险制度 Social insurance system
孟加拉国	Bangladesh	没有法定的失业待遇提供,但劳动法规定要提供遣散费。 No statutory unemployment benefits are provided,but Labor Laws require severance pay.
白俄罗斯	Belarus	社会保险制度 Social insurance system
保加利亚	Bulgaria	社会保险制度 Social insurance system
喀麦隆	Cameroon	没有法定的失业待遇提供,但劳动法规定要提供遣散费。 No statutory unemployment benefits are provided,but Labor Laws require severance pay.
智利	Chile	与就业相关的强制个人账户制度 Employment-related and mandatory individual account system
中国	China	社会保险制度 Social insurance system
哥斯达黎加	Costa Rica	没有法定的失业待遇提供,但劳动法规定要提供遣散费。 No statutory unemployment benefits are provided,but Labor Laws require severance pay.
捷克共和国	Czech Republic	社会保险制度 Social insurance system
厄瓜多尔	Ecuador	社会保险与强制个人账户制度 Social insurance and mandatory individual account system
埃及	Egypt	社会保险制度 Social insurance system
加纳	Ghana	没有法定的失业待遇提供,但劳动法规定要提供遣散费。 No statutory unemployment benefits are provided,but Labor Laws require severance pay.
希腊	Greece	社会保险制度 Social insurance system
匈牙利	Hungary	社会保险制度 Social insurance system
以色列	Israel	社会保险制度 Social insurance system
哈萨克斯坦	Kazakhstan	社会保险制度 Social insurance system
韩国	Korea,Republic of	社会保险制度 Social insurance system
立陶宛	Lithuania	社会保险制度 Social insurance system
马来西亚	Malaysia	社会保险制度 Social insurance system

续表

国家与地区	Countries and Regions	2017 年 in 2017
摩尔多瓦	Moldova, Republic of	社会保险制度 Social insurance system
新西兰	New Zealand	社会救助制度 Social assistance system
巴拿马	Panama	没有法定的失业待遇提供，但劳动法规定要提供遣散费。No statutory unemployment-ment benefits are provided, but Labor Laws require severance pay.
菲律宾	Philippines	没有法定的失业待遇提供，但劳动法规定要提供遣散费。No statutory unemployment-ment benefits are provided, but Labor Laws require severance pay.
波兰	Poland	社会保险制度 Social insurance system
葡萄牙	Portugal	社会保险与社会救助制度 Social insurance and social assistance system
罗马尼亚	Romania	社会保险制度 Social insurance system
俄罗斯联邦	Russian Federation	社会保险与社会救助制度 Social insurance and social assistance system
斯洛伐克	Slovakia	社会保险制度 Social insurance system
斯洛文尼亚	Slovenia	社会保险制度 Social insurance system
斯里兰卡	Sri Lanka	没有法定的失业待遇提供，但劳动法规定要提供遣散费。No statutory unemployment-ment benefits are provided, but Labor Laws require severance pay.
土耳其	Turkey	社会保险制度 Social insurance system
乌克兰	Ukraine	社会保险制度 Social insurance system
越南	Viet Nam	社会保险制度 Social insurance system

说明：本表为 2017 年的数据。

Explanation: This table is the data of 2017.

5.1.8 "一带一路"样本国家的"家庭津贴"筹资类型

"Family allowance" financing type in "the Belt and Road" sample countries

资料来源：国际社会保障协会数据库

Source: ISSA Database

国家与地区	Countries and Regions	2017 年 in 2017
亚美尼亚	Armenia	普惠与社会救助制度 Universal and social assistance system
奥地利	Austria	普惠制度 Universal system
阿塞拜疆	Azerbaijan	社会保险与社会救助制度 Social insurance and social assistance system
孟加拉国	Bangladesh	没有法定的家庭津贴提供 No statutory family allowance are provided
白俄罗斯	Belarus	普惠制度 Universal system
保加利亚	Bulgaria	社会救助制度 Social assistance system
喀麦隆	Cameroon	社会保险制度 Social insurance system
智利	Chile	雇主责任与社会救助制度 Employment-related and social assistance system
中国	China	没有法定的家庭津贴提供 No statutory family allowance are provided
哥斯达黎加	Costa Rica	社会救助制度 Social assistance system
捷克共和国	Czech Republic	普惠与社会救助制度 Universal and social assistance system
厄瓜多尔	Ecuador	社会救助制度 Social assistance system
埃及	Egypt	没有法定的家庭津贴提供 No statutory family allowance are provided
加纳	Ghana	没有法定的家庭津贴提供 No statutory family allowance are provided
希腊	Greece	社会救助制度 Social assistance system
匈牙利	Hungary	普惠与社会救助制度 Universal and social assistance system
以色列	Israel	普惠与社会救助制度 Universal and social assistance system

续表

国家与地区	Countries and Regions	2017 年　in 2017
哈萨克斯坦	Kazakhstan	社会救助制度 Social assistance system
韩国	Korea, Republic of	普惠制度 Universal system
立陶宛	Lithuania	普惠与社会救助制度 Universal and social assistance system
马来西亚	Malaysia	没有法定的家庭津贴提供 No statutory family allowance are provided
摩尔多瓦	Moldova, Republic of	社会保险与社会救助制度 Social insurance and social assistance system
新西兰	New Zealand	普惠与社会救助制度 Universal and social assistance system
巴拿马	Panama	普惠与社会救助制度 Universal and social assistance system
菲律宾	Philippines	社会救助制度 Social assistance system
波兰	Poland	普惠与社会救助制度 Universal and social assistance system
葡萄牙	Portugal	社会保险与社会救助制度 Social insurance and social assistance system
罗马尼亚	Romania	普惠与社会救助制度 Universal and social assistance system
俄罗斯联邦	Russian Federation	普惠与社会保险制度 Universal and social insurance system
斯洛伐克	Slovakia	普惠与社会救助制度 Universal and social assistance system
斯洛文尼亚	Slovenia	普惠制度 Universal system
斯里兰卡	Sri Lanka	社会救助制度 Social assistance system
土耳其	Turkey	没有法定的家庭津贴提供 No statutory family allowance are provided
乌克兰	Ukraine	社会救助制度 Social assistance system
越南	Viet Nam	社会救助制度 Social assistance system

说明:本表为 2017 年的数据。

Explanation: This table is the data of 2017.

5.1.9　"一带一路"样本国家的雇主承担的社会保险待遇支付责任

Social insurance payment liability borne by employers in "the Belt and Road" sample countries

资料来源:国际社会保障协会数据库

Source: ISSA Database

单位:%(percent)

国家与地区	Countries and Regions	疾病与生育保障 Sickness and maternity	工伤保障 Work injury
阿塞拜疆	Azerbaijan		承担全部费用，根据行业风险确定缴费费率 The total cost, contribution rates vary depending on the industry risk
孟加拉国	Bangladesh	承担全部费用 The total cost	承担全部费用 The total cost
喀麦隆	Cameroon	承担雇主责任计划的全部费用, Total cost of the employer-liability program	
哥斯达黎加	Costa Rica		承担全部费用（根据认定的风险程度支付不同的保险费率） The total cost (pays insurance premiums that vary according to the assessed degree of risk)
加纳	Ghana		承担全部费用 The total cost

续表

国家与地区	Countries and Regions	疾病与生育保障 Sickness and maternity	工伤保障 Work injury
哈萨克斯坦	Kazakhstan		承担全部费（按工资总额支付 0.04%到 9.9%的年度保险费或者将待遇直接支付给雇员）The total cost（pays annual insurance premiums that range from 0.04% to 9.9% of payroll or provides benefits directly to employees）
新西兰	New Zealand		每年根据评级实践与工伤风险分组确定缴费费率 Contribution rates are set each year based on experience ratings and injury risk groups
巴拿马	Panama		承担全部费用 The total cost
斯里兰卡	Sri Lanka	雇主责任（现金待遇）：承担全部费用 Employer liability（cash benefits）: The total cost	雇主责任（现金待遇）：承担全部费用（直接将待遇支付给雇员或者根据评定的风险级别支付工资总额 1%到 7%的保险费）。Employer liability（cash benefits）: The total cost（provides benefits directly to employees or pays insurance premiums ranging from 1% to 7.5% of payroll, depending on the assessed degree of risk）.

说明：本表为 2017 年的数据。一些国家的雇主不缴纳医疗、生育、工伤保障方面的费用，但要承担相应待遇支付责任。这些国家似乎规定的社会保险费率较低，但雇主的支付责任并没有减低。

Explanation: This table is the data of 2017. In some countries, employers do not pay for medical care, maternity and work injury insurance, but have to pay for it. These countries appear to be setting low social insurance rates without reducing employers' liability to pay.

5.1.10 "一带一路"样本国家的政府对"老年、残疾、遗属"保障的资金支持

Financial support from governments of "the Belt and Road" sample countries for "old age, disability and survivors" security

资料来源：国际社会保障协会数据库
Source: ISSA Database

国家与地区	Countries and Regions	2017 年 in 2017
亚美尼亚	Armenia	社会保险：提供必要补贴。 Social insurance: Provides subsidies as needed. 强制个人账户：支付毛工资额的 5%（临时提高到 7%）。 Mandatory individual account: 5%（temporarily increased to 7%）of gross monthly earnings.
奥地利	Austria	提供补贴，支付医疗费用和低收入家庭的津贴。 Provides a subsidy, finances the cost of the care benefit and income-tested allowance.
阿塞拜疆	Azerbaijan	提供补贴，支付老年补助金。Provides subsidies, finances the cost of special old-age supplements.
孟加拉国	Bangladesh	承担全部费用 The total cost

续表

国家与地区	Countries and Regions	2017 年 in 2017
白俄罗斯	Belarus	支付军事人员的养老金,并根据需要提供补贴。 Finances pensions for military personnel and provides subsidies as needed.
保加利亚	Bulgaria	支付资金缺口 Finances any deficit
喀麦隆	Cameroon	没有该制度 None
智利	Chile	支付最低保障性老年与残疾养老金的全部费用,为年轻职工前 24 个月的缴费进行补贴。 The total cost of the guaranteed minimum old-age and disability pensions, subsidized contributions for young workers for the first 24 months of contributions.
中国	China	根据需要为社会保险提供补贴,承担非缴费养老金的全部费用,为贫困居民缴纳养老保险费。 Provide subsidies as needed for social insurance, and finances the total cost for noncontributory schemes, pays contributions for residents living under the poverty line.
哥斯达黎加	Costa Rica	社会保险:按所有工人及自雇者毛收入的 1.24%缴费 (到 2035 年逐步提高到 1.91%)。 Social insurance:1.24% (gradually increasing to 1.91% by 2035) of the gross income of all workers and self-employed persons.
捷克共和国	Czech Republic	普惠:支付全部费用。 Universal: The total cost. 社会保险:为支付缺口提供资金,为符合条件的学生、失业人员、照护人员和困难人员缴费。 Social insurance: Finances any deficit, pays contributions for certain students, unemployed persons, caregivers, and needy persons.
厄瓜多尔	Ecuador	社会保险:支付老年、残疾、遗属养老金的 40%。 Social insurance: 40% of the cost of old-age, disability, and survivor pensions.
埃及	Egypt	按月覆盖收入的 1%缴费,并为支付缺口提供资金。 1% of monthly covered earnings plus the cost of any deficit.
加纳	Ghana	没有该制度 None
希腊	Greece	普惠:承担全部费用。 Universal: The total cost. 社会保险:提供保障性年度补贴。 Social insurance: provides a guaranteed annual subsidy. 社会救助:承担全部费用。 Social assistance: The total cost.
匈牙利	Hungary	为支付缺口提供资金 Finances any deficit
以色列	Israel	社会保险:按受保人工资收入的 0.25%缴费(老年和遗属养老金),按受保人工资收入的 0.1%缴费(残疾养老金)。 Social insurance: 0.25% of insured persons' earnings (old-age and survivor pensions), 0.10% of insured persons' earnings (disability benefits).
哈萨克斯坦	Kazakhstan	普惠:承担全部费用。 Universal: The total cost. 社会保险:根据需要提供补贴(老年养老金)。 Social insurance: Pays subsidies as needed (old age).
韩国	Korea, Republic of	支付部分管理成本,为农民、渔民和其他低收入雇员缴纳部分费用。 Part of the cost of administration, contributions for some farmers and fishermen, some low-income employees.

国家与地区	Countries and Regions	2017 年 in 2017
立陶宛	Lithuania	普惠:承担全部费用。 Universal: The total cost. 社会救助:为弥补支付缺口提供资金。 Social insurance: Finances any deficit.
马来西亚	Malaysia	公积金:为年龄小于 55 岁的自雇劳动者和家务劳动者匹配缴费的 15%,一年最高不超过 250 林吉特(仅仅适用账户 1)。 Provident fund: Matches 15% of contributions, up to 250 ringgit a year, for self-employed persons and household workers younger than age 55 (Account 1 only).
摩尔多瓦	Moldova, Republic of	社会保险:为农业工人缴费毛月工资的 6%。 Social insurance: 6% of gross monthly earnings for agricultural workers.
新西兰	New Zealand	通过一般税收收入支付全部费用。 The total cost is financed from general revenues.
巴拿马	Panama	社会保险与个人账户:按所有受保人工资收入的 0.8%缴费。 Social insurance and individual account: 0.8% of all insured persons' earnings.
菲律宾	Philippines	为支付缺口提供资金。 Finances any deficit.
波兰	Poland	承担最低保障性养老金的全部成本。 The total cost of the guaranteed minimum pension. 为领取生育津贴和休儿童照护假的受保人,以及领取失业待遇者与失业的学生缴费养老保险费。 Pays pension contributions for insured persons taking child care leave or receiving maternity allowances, for persons receiving unemployment benefits, and for unemployed graduates.
葡萄牙	Portugal	通过增值税为社会保险计划筹集部分资金。 Partially finances the program through a portion of the value-added tax.
罗马尼亚	Romania	为支付缺口提供资金支持。 Finances any deficit.
俄罗斯联邦	Russian Federation	承担社会养老金的全部费用,地区或地方政府可能提供补充待遇。 The total cost of social pensions, Regional and local governments may finance supplementary benefits.
斯洛伐克	Slovakia	普惠(丧葬费):承担全部费用。 Universal (funeral grant): The total cost. 社会保险:为支付缺口提供资金,为照护 6 岁以下孩子的受保人(严重慢性病童的年龄为 18 岁)、生育待遇领取者、残疾待遇领取者(直到达到正常退休年龄或直到领取提前退休养老金)缴纳养老保险费。 Social insurance: Finances any deficit, contributes for persons caring for children up to age 6 (age 18 with serious chronic health conditions), for maternity benefit recipients, and for disability benefit recipients (until the normal retirement age or until the early retirement pension is paid). 个人账户:为照护 6 岁以下孩子的受保人(严重慢性病童的年龄为 18 岁)、生育待遇领取者、残疾待遇领取者(直到达到正常退休年龄或直到领取提前退休养老金)缴纳养老保险费。 Individual account: Contributes for persons caring for children up to age 6 (age 18 with serious chronic health conditions), for maternity benefit recipients, and for disability benefit recipients (until retirement age or until the early retirement pension is paid).

续表

国家与地区	Countries and Regions	2017 年 in 2017
斯洛文尼亚	Slovenia	社会保险:为某些群组缴费,包括为失业人员、父母津贴享有者、战争老兵、警务人员、前军事人员等缴纳养老保险费。为因无法预料的缴费失衡产生的支付缺口提供资金。为社会救助待遇提供资金。作为雇主进行缴费,包括为强制参保或自愿参保的农民缴费。 Social insurance: Covers the cost for certain groups, including unemployed persons, beneficiaries of the parental allowance, war veterans, police personnel, and former military personnel. Covers any deficit in the event of an unforeseen decline in contributions. Finances social assistance benefits. Contributes as an employer, including for farmers who are mandatorily or voluntarily insured.
斯里兰卡	Sri Lanka	没有该制度 None
土耳其	Turkey	按缴费总额的 25%缴费,为支付缺口提供资金。 25% of total contributions collected, finances any deficit.
乌克兰	Ukraine	社会保险:根据需要,中央政府和地方政府提供补贴。政府的缴费同样为疾病现金待遇、生育现金待遇、工伤待遇、失业待遇提供资金支持。 Social insurance: Provides subsidies as needed from central and local governments. The government's contributions also finance cash sickness and maternity benefits, work injury, and unemployment benefits.
越南	Viet Nam	根据需要提供补贴,1995 年以前退休工人的养老金有政府全部负担。 Provides subsidies as needed, the total cost of old-age pensions for workers who retired before 1995.

5.1.11 "一带一路"样本国家的政府对"疾病与生育"保障的资金支持

Financial support from governments of "the Belt and Road" sample countries for "sickness and maternity" security

资料来源:国际社会保障协会数据库

Source: ISSA Database

国家与地区	Countries and Regions	2017 年 in 2017
亚美尼亚	Armenia	承担普惠待遇与救助待遇的全部费用。 Universal and social assistance: The total cost.
奥地利	Austria	承担现金生育待遇支付的 70%。 Finances 70% of the cost of cash maternity benefits.
阿塞拜疆	Azerbaijan	承担普惠医疗待遇的全部费用。 Universal (medical benefits): The total cost.
孟加拉国	Bangladesh	没有该制度 None
白俄罗斯	Belarus	普惠:承担全部费用。Universal: The total cost. 社会保险:承担军事人员、公务员、学生,以及失业妇女生育待遇的全部费用。 Social insurance: The cost of maternity benefits for military personnel, civil servants, students, and unemployed women.
保加利亚	Bulgaria	为支付缺口提供资金,为某些公共卫生计划(急救护理、精神病治疗、艾滋病治疗、肺结核治疗、血液透析治疗、美沙酮项目治疗、为战争老兵及处于风险境地的儿童提供的治疗)提供全部资金支持。 Finances any deficit, The total cost of certain public health programs (emergency care, treatment of psychiatric diseases, HIV, tuberculosis, hemodialysis, methadone programs and health care for war veterans and children at risk).

续表

国家与地区	Countries and Regions	2017 年 in 2017
喀麦隆	Cameroon	没有该制度 None
智利	Chile	公共制度：为生育待遇提供全部费用，弥补国家健康制度出现的资金缺口。 Public system: The total cost of maternity benefits, any deficit in the national health system. 私人制度：为疾病待遇提供部分资金支持。 Private system: Partially finances the cost of sickness benefits.
中国	China	社会保险（城乡居民基本医疗保险）：为每个参保人一年匹配 490 元的缴费（中央政府与地方政府共担）。 Social insurance (Basic medical insurance for rural and nonsalaried urban residents): An annual matching contribution (combined central and local governments) of 490 yuan for each person.
哥斯达黎加	Costa Rica	社会保险：按覆盖工资收入的 0.25%缴费，按自雇劳动者和自愿保险者申报收入的 1.31%到 8.85%缴费（缴费比例与申报收入成反比），社会保险基金为养老金领取者按养老金的 8.75%缴费。 Social insurance: 0.25% of total covered earnings, 1.31% to 8.85% of the declared earnings for self-employed and voluntary insured persons (inversely proportional to the declared earnings), for pensioners, the Social Insurance Fund contributes 8.75% of the pension.
捷克共和国	Czech Republic	现金待遇：为支付缺口提供资金。 Cash benefits: Finances any deficit. 医疗待遇：为某些受保人每月缴费 969 克朗。 Medical benefits: 969 koruna a month for certain groups of insured persons.
厄瓜多尔	Ecuador	社会保险：承担支付老年、残疾、工伤受益人待遇的全部费用。 Social insurance: The total cost for old-age, disability and work injury beneficiaries.
埃及	Egypt	没有该制度 None
加纳	Ghana	支付老年待遇、困难人员待遇、年度参保缴费父母抚养的 18 岁以下儿童待遇。 The cost of benefits for the aged, the needy, and children younger than age 18 if both parents have paid the annual premium. 按一般商品服务增值税的 2.5%为疾病与生育保障进行额外融资。 Additional financing from a 2.5% value added tax on general goods and services.
希腊	Greece	提供保障性的年度补贴。 Provides a guaranteed annual subsidy.
匈牙利	Hungary	为支付缺口提供资金。 Finances any deficit.
以色列	Israel	按工资收入的 0.09%缴费，支付出生津贴与住院补助金。 0.09% of earnings (maternity benefits), subsidizes the birth allowance and the hospitalization grant.
哈萨克斯坦	Kazakhstan	普惠（医疗待遇与出生补助金）：承担全部费用。 Universal (medical benefits and birth grant):The total cost.
韩国	Korea, Republic of	根据需要提供补贴。 Provides subsidies as needed.
立陶宛	Lithuania	现金待遇：为支付缺口提供资金。 Cash benefits: Finances any deficit. 医疗待遇：为某些群组缴费。 Medical benefits: Contributes on behalf of certain groups of persons.

续表

国家与地区	Countries and Regions	2017 年　in 2017
马来西亚	Malaysia	通过一般税收收入补贴公共卫生服务。 Subsidizes public health care services from general revenues.
摩尔多瓦	Moldova, Republic of	没有该制度 None
新西兰	New Zealand	通过一般税收收入支付全部费用。 The total cost is financed from general revenues.
巴拿马	Panama	没有该制度 None
菲律宾	Philippines	为支付缺口提供资金。　Finances any deficit.
波兰	Poland	为医疗待遇提供补贴。　Provides subsidies for medical benefits.
葡萄牙	Portugal	普惠:承担全部费用。　Universal: The total cost.
罗马尼亚	Romania	社会保险(医疗待遇):提供补贴。 Social insurance (medical benefits): Provides subsidies.
俄罗斯联邦	Russian Federation	医疗待遇:联邦与地方政府提供部分资金。 Medical benefits: Federal and local governments provide partial funding.
斯洛伐克	Slovakia	普惠:为非就业人员缴费,为一般健康保险公司支付缺口提供资金。 Universal: Contributes for nonemployed persons, and finances any deficit of the General Health Insurance Company. 社会保险:为支付缺口提供资金。 Social insurance: Finances any deficit.
斯洛文尼亚	Slovenia	为某些受保人与失业人员缴费,为军事人员的诊疗和未参保人员急诊支付费用,通过一般税收为生育待遇提供92%的资金。 Covers the cost for certain groups of insured persons and the unemployed; pays for the health care of military personnel and emergency health care for uninsured persons; finances 92% of the cost of maternity benefits from general taxation.
斯里兰卡	Sri Lanka	普惠(医疗待遇):承担全部费用。 Universal (medical benefits): The total cost.
土耳其	Turkey	医疗待遇:按缴费总额的25%缴费,为家庭收入低于法定毛最低工资33.3%的人以及只享有医疗待遇的人缴纳全部保险费。 Medical benefits: 25% of total contributions collected; the total cost of premiums for persons with total family income of less than 33.3% of the gross legal monthly minimum wage and persons entitled to medical benefits only.
乌克兰	Ukraine	普惠(医疗待遇):承担全部费用。 Universal (medical benefits): The total cost.
越南	Viet Nam	医疗待遇:根据需要提供补贴,为小于6岁的孩子、穷人、残疾人等全体缴纳保险费,按法定最低工资的3.15%为接近贫困的公务员缴费,按法定最低工资的0.9%为有学生的公务员缴费。 Medical benefits: Provides subsidies as needed, pays contributions for certain groups of insured persons, such as children younger than age 6, needy persons and persons with disabilities, 3.15% of the legal monthly minimum wage for civil servants for the near-poor, 0.9% of the legal monthly minimum wage for civil servants for students.

5.1.12 "一带一路"样本国家的政府对"工伤"保障的资金支持

Financial support from governments of "the Belt and Road" sample countries for "work injury" security

资料来源：国际社会保障协会数据库

Source: ISSA Database

国家与地区	Countries and Regions	2017 年 in 2017
亚美尼亚	Armenia	根据需要提供补贴。Provides subsidies as needed.
奥地利	Austria	没有该制度 None
阿塞拜疆	Azerbaijan	承担全部丧葬费。the total cost of the funeral grant.
孟加拉国	Bangladesh	没有该制度 None
白俄罗斯	Belarus	承担学生的工伤待遇支付。The cost of work injury benefits for students.
保加利亚	Bulgaria	没有该制度 None
喀麦隆	Cameroon	没有该制度 None
智利	Chile	没有该制度 None
中国	China	省级工伤保险监管基金和地方政府根据需要提供补贴。Provincial work injury insurance regulatory funds and local governments provide subsidies as needed.
哥斯达黎加	Costa Rica	没有该制度 None
捷克共和国	Czech Republic	为支付缺口提供资金。Finances any deficit.
厄瓜多尔	Ecuador	承担工伤养老金支出的40%。 40% of the cost of work injury pensions.
埃及	Egypt	没有该制度 None
加纳	Ghana	没有该制度 None
希腊	Greece	提供保证性的年度补贴,承担国家残疾养老金的全部支出。Provides a guaranteed annual subsidy. The total cost of the national disability pension.
匈牙利	Hungary	没有该制度 None
以色列	Israel	按受保人与自雇者工资收入的0.03%缴费。 0.03% of insured and self-employed persons' earnings.
哈萨克斯坦	Kazakhstan	没有该制度 None
韩国	Korea,Republic of	没有该制度 None
立陶宛	Lithuania	没有该制度 None
马来西亚	Malaysia	没有该制度 None
摩尔多瓦	Moldova,Republic of	没有该制度 None
新西兰	New Zealand	没有该制度 None
巴拿马	Panama	没有该制度 None
菲律宾	Philippines	没有该制度 None
波兰	Poland	没有该制度 None
葡萄牙	Portugal	没有该制度 None
罗马尼亚	Romania	没有该制度 None
俄罗斯联邦	Russian Federation	没有该制度 None
斯洛伐克	Slovakia	为支付缺口提供资金。Finances any deficit.
斯洛文尼亚	Slovenia	为缴费下降导致的永久残疾待遇支付缺口提供资金。Covers any deficit caused by a decline in contributions for permanent disability benefits.
斯里兰卡	Sri Lanka	承担普惠医疗待遇的全部费用。Universal (medical benefits): The total cost.

续表

国家与地区	Countries and Regions	2017 年 in 2017
土耳其	Turkey	没有该制度 None
乌克兰	Ukraine	没有该制度 None
越南	Viet Nam	没有该制度 None

5.1.13 "一带一路"样本国家的政府对"失业"保障的资金支持

Financial support from governments of "the Belt and Road" sample countries for "unemployment" security

资料来源：国际社会保障协会数据库

Source: ISSA Database

国家与地区	Countries and Regions	2017 年 in 2017
亚美尼亚	Armenia	没有该制度 None
奥地利	Austria	为支付缺口提供资金。 Finances any deficit.
阿塞拜疆	Azerbaijan	没有该制度 None
孟加拉国	Bangladesh	没有该制度 None
白俄罗斯	Belarus	州政府与地方政府根据需要提供补贴。 Provides subsidies as needed from state and local governments.
保加利亚	Bulgaria	没有该制度 None
喀麦隆	Cameroon	没有该制度 None
智利	Chile	没有该制度 None
中国	China	没有该制度 None
哥斯达黎加	Costa Rica	没有该制度 None
捷克共和国	Czech Republic	为支付缺口提供资金。Finances any deficit.
厄瓜多尔	Ecuador	没有该制度 None
埃及	Egypt	为支付缺口提供资金。 Finances any deficit.
加纳	Ghana	没有该制度 None
希腊	Greece	提供保证性的年度补贴。 Provides a guaranteed annual subsidy.
匈牙利	Hungary	没有该制度 None
以色列	Israel	按受保人与自雇者工资收入的 0.06%缴费。 0.06% of insured and self-employed persons' earnings.
哈萨克斯坦	Kazakhstan	没有该制度 None
韩国	Korea, Republic of	没有该制度 None
立陶宛	Lithuania	没有该制度 None
马来西亚	Malaysia	没有该制度 None
摩尔多瓦	Moldova, Republic of	没有该制度 None
新西兰	New Zealand	从一般税收入中支付全部费用。 The total cost is financed from general revenues.
巴拿马	Panama	没有该制度 None
菲律宾	Philippines	没有该制度 None
波兰	Poland	为支付缺口提供资金。 Finances any deficit.
葡萄牙	Portugal	没有该制度 None
罗马尼亚	Romania	没有该制度 None
俄罗斯联邦	Russian Federation	筹资来自联邦与地方政府预算，区域或地方政府可能为失业人员及其家庭的补充待遇提供资金。 Financed from federal and local government budgets. Regional and local governments may finance supplemental benefits for unemployed persons and their dependents.

续表

国家与地区	Countries and Regions	2017 年 in 2017
斯洛伐克	Slovakia	为支付缺口提供资金。 Finances any deficit.
斯洛文尼亚	Slovenia	没有该制度 None
斯里兰卡	Sri Lanka	没有该制度 None
土耳其	Turkey	按毛月工资收入的 1%缴费,直至缴费上限。 1% of gross monthly earnings, up to amaximum.
乌克兰	Ukraine	没有该制度 None
越南	Viet Nam	没有该制度 None

5.1.14 "一带一路"样本国家政府对"家庭津贴"的资金支持

Financial support from governments of "the Belt and Road" sample countries for "family allowance"

资料来源:国际社会保障协会数据库

Source: ISSA Database

国家与地区	Countries and Regions	2017 年 in 2017
亚美尼亚	Armenia	承担全部费用。 The total cost.
奥地利	Austria	从税收中缴纳一定比例的费用。 Contributes a certain percentage from tax revenues.
阿塞拜疆	Azerbaijan	提供补贴。 Provides subsidies.
孟加拉国	Bangladesh	没有该制度 None
白俄罗斯	Belarus	为未参保的父母支付生育补助金、儿童津贴、病童照护津贴,州政府与地方政府根据需要进行补贴。 The total cost of the birth grant, the child allowance, and the sick child care allowance for uninsured parents; Subsidies as needed from state and local governments.
保加利亚	Bulgaria	承担全部费用。 The total cost.
喀麦隆	Cameroon	没有该制度 None
智利	Chile	承担全部费用,通过统一的家庭津贴与失业基金支付家庭津贴待遇,通过家庭补贴国家基金支付家庭补贴待遇。 The total cost, financed through the Unified Family Allowances and Unemployment Fund (family allowances) and the Family Subsidy National Fund (family subsidy).
中国	China	没有该制度 None
哥斯达黎加	Costa Rica	根据需要进行补贴。 Subsidies as needed.
捷克共和国	Czech Republic	承担全部费用。 The total cost.
厄瓜多尔	Ecuador	承担全部费用。 The total cost.
埃及	Egypt	没有该制度 None
加纳	Ghana	没有该制度 None
希腊	Greece	承担全部费用。 The total cost.
匈牙利	Hungary	承担全部费用(90%来自中央政府,10%来自地方政府)。 The total cost (90% from central government and 10% from local government).
以色列	Israel	按参保人和自雇劳动者个人收入的 0.08%补贴。 0.08% of insured and self-employed persons' earnings.
哈萨克斯坦	Kazakhstan	承担全部费用。 The total cost.
韩国	Korea, Republic of	承担全部费用。 The total cost.
立陶宛	Lithuania	没有该制度 None
马来西亚	Malaysia	没有该制度 None
摩尔多瓦	Moldova, Republic of	没有该制度 None

续表

国家与地区	Countries and Regions	2017 年 in 2017
新西兰	New Zealand	通过一般税收收入承担全部费用。The total cost is financed from general revenues.
巴拿马	Panama	承担全部费用。The total cost.
菲律宾	Philippines	承担全部费用。The total cost.
波兰	Poland	承担全部费用。The total cost.
葡萄牙	Portugal	承担全部费用。The total cost.
罗马尼亚	Romania	承担全部费用。The total cost.
俄罗斯联邦	Russian Federation	承担津贴补助金的全部费用,联邦政府与地方政府通过预算补贴待遇成本。The total cost of the family grant, Federal and local government budgets subsidize the cost of benefits.
斯洛伐克	Slovakia	承担全部费用。The total cost.
斯洛文尼亚	Slovenia	承担全部费用。The total cost.
斯里兰卡	Sri Lanka	政府为该计划支出提供绝大部分资金。Finances the majority of the program costs.
土耳其	Turkey	中央与地方政府为失业家庭或没有工作的母亲支付儿童津贴。Central and local governments pay allowances for children of unemployed families or nonworking mothers.
乌克兰	Ukraine	没有该制度 None
越南	Viet Nam	承担全部费用。The total cost.

5.2 "一带一路"样本国家的社会保障待遇享有率
The rate of social security benefits in "the Belt and Road" sample countries

5.2.1 "一带一路"样本国家的儿童享有社会保障待遇的比率
The percentage of children entitled to social security benefits in "the Belt and Road" sample countries

资料来源:联合国数据库

Source: UN Database

单位:%(percent)

国家与地区	Countries and Regions	2016	2017	2018
亚美尼亚	Armenia	21.4		
奥地利	Austria	100.0		
孟加拉国	Bangladesh	29.4		
保加利亚	Bulgaria	48.6		
喀麦隆	Cameroon	41.5		
智利	Chile	93.1		
中国	China	2.2		
哥斯达黎加	Costa Rica	17.7		
厄瓜多尔	Ecuador	6.7		
加纳	Ghana	5.6		
匈牙利	Hungary	100.0		
哈萨克斯坦	Kazakhstan	100.0		
蒙古国	Mongolia	100.0		
巴拿马	Panama	37.3		

续表

国家与地区	Countries and Regions	2016	2017	2018
菲律宾	Philippines	13.6		
波兰	Poland	100.0		
葡萄牙	Portugal	93.1		
罗马尼亚	Romania	100.0		
俄罗斯联邦	Russian Federation	100.0	100.0	
斯洛伐克	Slovakia	100.0		
斯里兰卡	Slovenia	79.4		
乌克兰	Ukraine			100.0

说明：空格表示尚无法获得数据。

Explanation: A blank indicates that data is not yet available.

5.2.2 "一带一路"样本国家的孕产妇享有生育待遇的比率

The proportion of pregnant and lying-in women who are entitled to maternity benefits in "the Belt and Road" sample countries

资料来源：联合国数据库

Source: UN Database

单位：%(percent)

国家与地区	Countries and Regions	2016	2017	2018
亚美尼亚	Armenia	61.0		
奥地利	Austria	100.0		
阿塞拜疆	Azerbaijan	14.0		
孟加拉国	Bangladesh	20.9		
保加利亚	Bulgaria	100.0		
喀麦隆	Cameroon	0.6		
智利	Chile	44.0		
中国	China	15.1	64.9	
捷克共和国	Czech Republic	100.0		
埃及	Egypt	100.0		
加纳	Ghana	41.7		
希腊	Greece	100.0		
匈牙利	Hungary	100.0		
哈萨克斯坦	Kazakhstan	44.6		
立陶宛	Lithuania	100.0		
蒙古国	Mongolia	81.5		
菲律宾	Philippines	9.0	11.0	
波兰	Poland	100.0		
葡萄牙	Portugal	100.0		
罗马尼亚	Romania	100.0		
俄罗斯联邦	Russian Federation	69.0	63.0	
斯洛伐克	Slovakia	100.0		
斯洛文尼亚	Slovenia	96.0		

续表

国家与地区	Countries and Regions	2016	2017	2018
斯里兰卡	Sri Lanka	100.0		
乌克兰	Ukraine	100.0		100
越南	Viet Nam	44.5		

说明:空格表示尚无法获得数据。

Explanation: A blank indicates that data is not yet available.

5.2.3 "一带一路"样本国家的达到法定退休年龄的老年人领取养老金的比率

The rate at which old people of full retirement age receive pensions in "the Belt and Road"
sample countries

资料来源:联合国数据库

Source: UN Database

单位:%(percent)

国家与地区	Countries and Regions	2016	2017	2018
亚美尼亚	Armenia	72.6		
阿塞拜疆	Azerbaijan	95.3		
孟加拉国	Bangladesh	33.4		
白俄罗斯	Belarus	100		
保加利亚	Bulgaria	100		
喀麦隆	Cameroon	13		
智利	Chile	78.6		
中国	China	100		
哥斯达黎加	Costa Rica	68.8		
厄瓜多尔	Ecuador	52		
加纳	Ghana	16.9		
哈萨克斯坦	Kazakhstan	82.6		
摩尔多瓦	Moldova, Republic of	75.2		
蒙古国	Mongolia	100		
菲律宾	Philippines	39.8		
俄罗斯联邦	Russian Federation	91.2	90.1	
斯洛文尼亚	Slovenia	100		
斯里兰卡	Sri Lanka	25.2		
乌克兰	Ukraine	91.9		73.0
越南	Viet Nam	39.9		

说明:空格表示尚无法获得数据。

Explanation: A blank indicates that data is not yet available.

5.2.4 "一带一路"样本国家的重度残疾人享有社会保障待遇的比率

The percentage of severe disabled entitled to social security benefits in "the Belt and Road" sample countries

资料来源:联合国数据库

Source: UN Database

单位:%(percent)

国家与地区	Countries and Regions	2016	2017	2018
亚美尼亚	Armenia	100.0		
奥地利	Austria	93.3		
孟加拉国	Azerbaijan	100.0		
阿塞拜疆	Bangladesh	18.5		
保加利亚	Bulgaria	100.0		
喀麦隆	Cameroon	0.1		
智利	Chile	100.0		
捷克共和国	Czech Republic	100.0		
厄瓜多尔	Ecuador	34.5		
匈牙利	Hungary	100.0		
以色列	Israel	90.4		
哈萨克斯坦	Kazakhstan	100.0		
韩国	Korea, Republic of	5.8		
立陶宛	Lithuania	100.0		
蒙古国	Mongolia	100.0		
新西兰	New Zealand	80.3		
菲律宾	Philippines	3.1	3.4	
波兰	Poland	100.0		
葡萄牙	Portugal	89.2		
罗马尼亚	Romania	100.0		
俄罗斯联邦	Russian Federation	100.0	99.8	
斯洛伐克	Slovakia	100.0		
斯洛文尼亚	Slovenia	100.0		
斯里兰卡	Sri Lanka	20.8		
土耳其	Turkey	5.0		
乌克兰	Ukraine			100.0
越南	Viet Nam	9.7		

说明:空格表示尚无法获得数据。

Explanation: A blank indicates that data is not yet available.

5.2.5 "一带一路"样本国家的至少被一种社会保障待遇覆盖的人口占总人口的比率

The percentage of the population covered by at least one social security benefit in "the Belt and Road" sample countries

资料来源:联合国数据库

Source: UN Database

单位:%(percent)

国家与地区	Countries and Regions	2016	2017	2018
亚美尼亚	Armenia	47.3		
奥地利	Austria	98.6		
阿塞拜疆	Azerbaijan	40.3		
孟加拉国	Bangladesh	28.4		
保加利亚	Bulgaria	88.3		
喀麦隆	Cameroon	8.7		
智利	Chile	69.2		
中国	China	63	67.4	
哥斯达黎加	Costa Rica	72		
捷克共和国	Czech Republic	31.7		
埃及	Egypt	36.9		
加纳	Ghana	18.3		
匈牙利	Hungary	86.2		
以色列	Israel	54.9		
哈萨克斯坦	Kazakhstan	100		
韩国	Korea,Republic of	65.7		
立陶宛	Lithuania	92.7		
蒙古国	Mongolia	72.4		
巴拿马	New Zealand	66.6		
菲律宾	Philippines	47.1		
波兰	Poland	84.9		
葡萄牙	Portugal	90.2		
罗马尼亚	Romania	95		
俄罗斯联邦	Russian Federation	90.4	90.1	
斯洛伐克	Slovakia	92.1		
斯洛文尼亚	Slovenia	100		
斯里兰卡	Sri Lanka	30.4		
乌克兰	Ukraine			73
越南	Viet Nam	37.9		

说明:空格表示尚无法获得数据。

Explanation: A blank indicates that data is not yet available.

5.2.6 "一带一路"样本国家的失业人员领取失业待遇的比率

The percentage of unemployed persons receiving unemployment benefits in "the Belt and Road" sample countries

资料来源：联合国数据库

Source: UN Database

单位：%（percent）

国家与地区	Countries and Regions	2016	2017	2018
奥地利	Austria	100		
阿塞拜疆	Azerbaijan	1.6		
白俄罗斯	Belarus	44.6		
保加利亚	Bulgaria	29.6		
智利	Chile	45.6		
中国	China	18.8	23.1	
加纳	Ghana	0		
哈萨克斯坦	Kazakhstan	5.8		
蒙古国	Mongolia	31		
俄罗斯联邦	Russian Federation	68.2	82.7	
乌克兰	Ukraine			18.0
越南	Viet Nam	45		

说明：空格表示尚无法获得数据。

Explanation: A blank indicates that data is not yet available.

5.2.7 "一带一路"样本国家的弱势群体被社会救助覆盖的比率

The percentage of vulnerable groups covered by social assistance in "the Belt and Road" sample countries

资料来源：联合国数据库

Source: UN Database

单位：%（percent）

国家与地区	Countries and Regions	2016	2017	2018
亚美尼亚	Armenia	16.2		
奥地利	Austria	93.0		
阿塞拜疆	Azerbaijan	12.6		
孟加拉国	Bangladesh	4.3		
保加利亚	Bulgaria	28.8		
喀麦隆	Cameroon	0.2		
智利	Chile	18.8		
中国	China	27.1		
哥斯达黎加	Costa Rica	66.5		
捷克共和国	Czech Republic	32.0		
厄瓜多尔	Ecuador	11.3		

续表

国家与地区	Countries and Regions	2016	2017	2018
加纳	Ghana	3.3		
匈牙利	Hungary	56.0		
哈萨克斯坦	Kazakhstan	100.0		
立陶宛	Lithuania	51.3		
蒙古国	Mongolia	35.1		
新西兰	New Zealand	9.7		
菲律宾	Philippines	7.8		
波兰	Poland	52.0		
葡萄牙	Portugal	59.3		
罗马尼亚	Romania	82.6		
俄罗斯联邦	Russian Federation	54.5	76.0	
斯洛伐克	Slovakia	70.0		
斯洛文尼亚	Slovenia	100.0		
斯里兰卡	Sri Lanka	4.4		
乌克兰	Ukraine			39
越南	Viet Nam	10.0		

说明:空格表示尚无法获得数据。

Explanation: A blank indicates that data is not yet available.

5.3 "一带一路"样本国家的工作贫困率
Working poverty rates in "the Belt and Road" sample countries

5.3.1 "一带一路"样本国家的特困就业人口数量
The number of extremely poor working people in "the Belt and Road" sample countries

资料来源:国际劳工组织数据库

Source: ILO Database

单位:千人(1000 persons)

国家与地区	Countries and Regions	2015	2016	2017	2017 年排名 Rank of 2017
世界	World	274745	271810	268981	
亚美尼亚	Armenia	6	5	5	15
阿塞拜疆	Azerbaijan	1	1	1	18
孟加拉国	Bangladesh	8002	7766	7526	1
白俄罗斯	Belarus	5	5	6	13
喀麦隆	Cameroon	1928	1936	1958	3
智利	Chile	27	25	24	9
中国	China	6598	5736	5050	2
哥斯达黎加	Costa Rica	9	7	6	13
厄瓜多尔	Ecuador	271	307	323	7
埃及	Egypt	122	120	113	8

续表

国家与地区	Countries and Regions	2015	2016	2017	2017 年排名 Rank of 2017
加纳	Ghana	577	564	536	6
哈萨克斯坦	Kazakhstan	0	0	0	20
韩国	Korea,Republic of	0	0	0	20
马来西亚	Malaysia	0	0	0	20
摩尔多瓦	Moldova,Republic of	0	1	0	20
蒙古国	Mongolia	1	1	1	18
巴拿马	Panama	9	10	9	12
菲律宾	Philippines	2652	2296	1857	4
俄罗斯联邦	Russian Federation	4	4	4	16
斯里兰卡	Sri Lanka	22	15	13	11
土耳其	Turkey	19	16	14	10
乌克兰	Ukraine	6	2	2	17
越南	Viet Nam	1488	1277	1039	5

说明:特困就业人口是指每天收入小于 1.9 美元(购买力平价)的就业人口。

Explanation: The extremely poor working people are those earning less than $1.90 (PPP) per day.

5.3.2 "一带一路"样本国家的特困就业人口比率

The proportion of employment people in extreme poverty in "the Belt and Road" sample countries

资料来源:国际劳工组织数据库

Source: ILO Database

单位:%(percent)

国家与地区	Countries and Regions	2015	2016	2017	2017 年排名 Rank of 2017
世界	World	8.6	8.4	8.2	3
亚美尼亚	Armenia	0.5	0.5	0.4	10
阿塞拜疆	Azerbaijan	0	0	0	18
孟加拉国	Bangladesh	13	12.4	11.4	2
白俄罗斯	Belarus	0.1	0.1	0.1	15
喀麦隆	Cameroon	20.1	19.6	19.3	1
智利	Chile	0.3	0.3	0.3	12
中国	China	0.9	0.8	0.7	8
哥斯达黎加	Costa Rica	0.4	0.3	0.3	12
厄瓜多尔	Ecuador	3.7	4	4.1	6
埃及	Egypt	0.5	0.5	0.4	10
加纳	Ghana	5.4	5.2	4.8	4
哈萨克斯坦	Kazakhstan	0	0	0	18
韩国	Korea,Republic of	0	0	0	18
马来西亚	Malaysia	0	0	0	18
摩尔多瓦	Moldova,Republic of	0	0	0	18

续表

国家与地区	Countries and Regions	2015	2016	2017	2017 年排名 Rank of 2017
蒙古国	Mongolia	0.1	0.1	0.1	15
巴拿马	Panama	0.5	0.6	0.5	9
菲律宾	Philippines	6.4	5.4	4.5	5
俄罗斯联邦	Russian Federation	0	0	0	18
斯里兰卡	Sri Lanka	0.3	0.2	0.2	14
土耳其	Turkey	0.1	0.1	0.1	15
乌克兰	Ukraine	0	0	0	18
越南	Viet Nam	2.7	2.3	1.9	7

说明:特困就业人口比率=特困就业人口/总就业人口。

Explanation: The proportion of employment people in extreme poverty = employment people in extreme poverty /total employed population.

5.3.3 "一带一路"样本国家的中度贫困就业人口数量

The number of moderately poor working people in "the Belt and Road" sample countries

资料来源:国际劳工组织数据库

Source: ILO Database

单位:千人(1000 persons)

国家与地区	Countries and Regions	2015	2016	2017	2017 年排名 Rank of 2017
世界	World	449541	441647	435458	
亚美尼亚	Armenia	85	91	87	11
阿塞拜疆	Azerbaijan	3	3	3	23
孟加拉国	Bangladesh	22331	22297	23203	2
白俄罗斯	Belarus	10	10	10	19
喀麦隆	Cameroon	1895	1931	1969	6
智利	Chile	49	47	46	14
中国	China	51469	47175	43458	1
哥斯达黎加	Costa Rica	25	18	18	17
厄瓜多尔	Ecuador	333	338	350	9
埃及	Egypt	3395	3447	3425	5
加纳	Ghana	1458	1452	1430	7
哈萨克斯坦	Kazakhstan	9	9	9	20
韩国	Korea, Republic of	17	16	15	18
马来西亚	Malaysia	10	9	8	21
摩尔多瓦	Moldova, Republic of	6	5	4	22
蒙古国	Mongolia	15	21	22	16
巴拿马	Panama	46	53	51	13
菲律宾	Philippines	9965	9427	8485	3
俄罗斯联邦	Russian Federation	52	55	55	12
斯里兰卡	Sri Lanka	701	590	551	8

国家与地区	Countries and Regions	2015	2016	2017	2017 年排名 Rank of 2017
土耳其	Turkey	201	134	125	10
乌克兰	Ukraine	23	24	23	15
越南	Viet Nam	4598	3923	3531	4

说明:中度贫困就业人口是指每天收入大于1.9美元(购买力平价)而小于3.2美元(购买力平价)的就业人口。

Explanation: The moderately poor employed population is the employed population whose daily income is more than $1.9 (PPP) and less than $3.2 (PPP).

5.3.4 "一带一路"样本国家的中度贫困就业人口比率

The ratio of moderate poverty employment people in "the Belt and Road" sample countries

资料来源:国际劳工组织数据库

Source: ILO Database

单位:%(percent)

国家与地区	Countries and Regions	2015	2016	2017	2017 年排名 Rank of 2017
世界	World	14.1	13.7	13.3	4
亚美尼亚	Armenia	7.5	8	7.7	7
阿塞拜疆	Azerbaijan	0.1	0.1	0.1	19
孟加拉国	Bangladesh	36.4	35.7	35	1
白俄罗斯	Belarus	0.2	0.2	0.2	18
喀麦隆	Cameroon	19.8	19.6	19.4	3
智利	Chile	0.6	0.6	0.6	15
中国	China	6.7	6.2	5.7	10
哥斯达黎加	Costa Rica	1.2	0.9	0.8	14
厄瓜多尔	Ecuador	4.5	4.4	4.4	11
埃及	Egypt	12.9	12.8	12.5	6
加纳	Ghana	13.8	13.3	12.8	5
哈萨克斯坦	Kazakhstan	0.1	0.1	0.1	19
韩国	Korea, Republic of	0.1	0.1	0.1	19
马来西亚	Malaysia	0.1	0.1	0.1	19
摩尔多瓦	Moldova, Republic of	0.4	0.3	0.3	17
蒙古国	Mongolia	1.3	1.8	1.8	13
巴拿马	Panama	2.5	2.9	2.7	12
菲律宾	Philippines	23.9	22.2	20.3	2
俄罗斯联邦	Russian Federation	0.1	0.1	0.1	19
斯里兰卡	Sri Lanka	8.8	7.4	6.9	8
土耳其	Turkey	0.8	0.5	0.4	16
乌克兰	Ukraine	0.1	0.1	0.1	19
越南	Viet Nam	8.4	7.1	6.3	9

说明:中度贫困就业人口比率 = 中度贫困就业人口 / 总就业人口。

Explanation: Moderate poverty employment ratio = moderate poverty employment population/total employment population.

5.4 "一带一路"样本国家的工时、工伤、罢工与劳动监察

Working hours, work injuries, strikes and Labour inspection in "the Belt and Road" sample countries

5.4.1 "一带一路"样本国家的雇员平均周工时

Average weekly hours worked by employees in "the Belt and Road" sample countries

资料来源:国际劳工组织数据库

Source: ILO Database

单位:小时(hours)

国家与地区	Countries and Regions	2015	2016	2017	周平均工时排名 Rank of mean weekly worked hours
亚美尼亚	Armenia	38	38	39	27
奥地利	Austria	36	36	35	32
阿塞拜疆	Azerbaijan	37	37	37	30
孟加拉国	Bangladesh		49	47	2
白俄罗斯	Belarus		35	35	34
保加利亚	Bulgaria	40	40	40	15
智利	Chile			40	14
中国	China		46		4
哥斯达黎加	Costa Rica	43	42	43	9
捷克共和国	Czech Republic	39	39	39	17
厄瓜多尔	Ecuador	39	38		25
埃及	Egypt	46	44	44	6
加纳	Ghana	35			33
希腊	Greece	41	41	41	11
匈牙利	Hungary	38	39	39	21
以色列	Israel	36	36	36	31
哈萨克斯坦	Kazakhstan	38			28
韩国	Korea, Republic of	44			8
立陶宛	Lithuania	39	39	38	23
马来西亚	Malaysia	45	46		5
摩尔多瓦	Moldova, Republic of	38	37	38	29
蒙古国	Mongolia	48	48	48	1
新西兰	New Zealand	33	33	33	35
巴拿马	Panama	39	38	38	26
菲律宾	Philippines		42	41	10
波兰	Poland	40	41	40	13
葡萄牙	Portugal	39	38	38	24
罗马尼亚	Romania	39	39	39	19
俄罗斯联邦	Russian Federation			39	16
斯洛伐克	Slovakia	39	39	39	20

国家与地区	Countries and Regions	2015	2016	2017	周平均工时排名 Rank of mean weekly worked hours
斯洛文尼亚	Slovenia	39	39	38	22
斯里兰卡	Sri Lanka	44	44		7
土耳其	Turkey	47	46	46	3
乌克兰	Ukraine	39	39	39	18
越南	Viet Nam	41	41	40	12

说明:空格表示尚无法获得数据。

Explanation: A blank indicates that data is not yet available.

5.4.2 "一带一路"样本国家的十万工人中的工亡人数

The number of deaths among 100,000 workers in "the Belt and Road" sample countries

资料来源:国际劳工组织数据库

Source: ILO Database

单位:人(person)

国家与地区	Countries and Regions	2015	2016	2017	工亡人数排名 Rank of worker dies
奥地利	Austria	3.2	2.0		16
阿塞拜疆	Azerbaijan		4.0	4.0	9
白俄罗斯	Belarus		2.3	2.3	20
保加利亚	Bulgaria	3.6	3.0		12
捷克共和国	Czech Republic	2.8			14
埃及	Egypt	10.7			1
希腊	Greece	1.2			24
匈牙利	Hungary	2.3	1.8		21
以色列	Israel	1.7	1.4		23
哈萨克斯坦	Kazakhstan	5.0			5
立陶宛	Lithuania	3.8	4.2		8
摩尔多瓦	Moldova, Republic of		5.2	7.3	3
蒙古国	Mongolia		2.7	2.2	17
新西兰	New Zealand	2.3			19
巴拿马	Panama	1.5	4.0		15
菲律宾	Philippines	3.8			10
波兰	Poland	1.9			22
葡萄牙	Portugal	3.5			11
罗马尼亚	Romania	5.6	3.8		6
俄罗斯联邦	Russian Federation			6.0	4
斯洛伐克	Slovakia	2.7	2.0		18
斯洛文尼亚	Slovenia	2.8			13

说明:空格表示尚无法获得数据。

Explanation: A blank indicates that data is not yet available.

续表

国家与地区	Countries and Regions	2015	2016	2017	工亡人数排名 Rank of worker dies
斯里兰卡	Sri Lanka	1.0	0.8	0.8	25
土耳其	Turkey	6.9	7.5		2
乌克兰	Ukraine	4.0	4.5	3.8	7

5.4.3　"一带一路"样本国家的十万工人中的职业伤残人数

The number of occupational disabilities among 100,000 workers in "the Belt and Road" sample countries

资料来源:国际劳工组织数据库

Source: ILO Database

单位:人(person)

国家与地区	Countries and Regions	2015	2016	2017	职业伤残人数排名 Rank of occupational disabilities
奥地利	Austria	1476.0	1952.0		3
阿塞拜疆	Azerbaijan		12.0	8.0	24
白俄罗斯	Belarus		40.6	38.8	21
保加利亚	Bulgaria	86.1	83.0		16
捷克共和国	Czech Republic	890.2	1036.4		7
埃及	Egypt	862.6			8
希腊	Greece	159.6			14
匈牙利	Hungary	554.7	529.2		9
以色列	Israel		1772.0		2
哈萨克斯坦	Kazakhstan	49.9			20
立陶宛	Lithuania	280.7	363.3		13
摩尔多瓦	Moldova, Republic of		61.0	72.0	18
蒙古国	Mongolia		26.2	24.6	22
新西兰	New Zealand	1200.0			6
巴拿马	Panama	2.5	1.5		25
菲律宾	Philippines	426.0			12
波兰	Poland	509.1			10
葡萄牙	Portugal	2954.2			1
罗马尼亚	Romania	77.4	82.4		17
俄罗斯联邦	Russian Federation			121.0	15
斯洛伐克	Slovakia	449.7	441.0		11
斯洛文尼亚	Slovenia	1511.9			4
斯里兰卡	Sri Lanka	16.8	17.6	19.0	23
土耳其	Turkey	1323.7	1530.3		5
乌克兰	Ukraine	51.1	51.8	53.5	19

说明:空格表示尚无法获得数据。

Explanation: A blank indicates that data is not yet available.

5.4.4 "一带一路"样本国家的每千工人因罢工停工导致的不工作天数

The number of days that do not work per 1,000 workers due to stoppage in "the Belt and Road" sample countries

资料来源:国际劳工组织数据库

Source: ILO Database

单位:天(days)

国家与地区	Countries and Regions	2015	2016	2017
奥地利	Austria	0.0	0.0	0.0
哥斯达黎加	Costa Rica	4.7	9.7	
匈牙利	Hungary		69.4	85.0
以色列	Israel	52.6		
韩国	Korea,Republic of	23.3	104.1	43.0
立陶宛	Lithuania	2.3	33.4	0.5
马来西亚	Malaysia	0.0	0.0	0.0
蒙古国	Mongolia			32.4
菲律宾	Philippines	0.3	5.9	1.3
波兰	Poland	11.1	1.0	3.5
俄罗斯联邦	Russian Federation			1.0
斯洛伐克	Slovakia	0.0	0.0	0.0
斯里兰卡	Sri Lanka		17.1	
乌克兰	Ukraine	1.8		2.0

说明:空格表示尚无法获得数据。

Explanation: A blank indicates that data is not yet available.

5.4.5 "一带一路"样本国家的每万工人的劳动监察员人数

The number of labour inspectors per 10,000 workers in "the Belt and Road" sample countries

资料来源:国际劳工组织数据库

Source: ILO Database

单位:人(person)

国家与地区	Countries and Regions	2015	2016	2017
奥地利	Austria	0.8	0.8	0.8
阿塞拜疆	Azerbaijan	0.5		
智利	Chile			1.0
哥斯达黎加	Costa Rica	0.5		
捷克共和国	Czech Republic	1.0		1.0
匈牙利	Hungary	0.9		0.8
以色列	Israel	0.8		0.8
韩国	Korea,Republic of	0.6		0.6
马来西亚	Malaysia	0.3	0.3	

国家与地区	Countries and Regions	2015	2016	2017
摩尔多瓦	Moldova, Republic of	0.7	0.6	0.6
蒙古国	Mongolia	0.6	0.6	0.5
新西兰	New Zealand			0.2
巴拿马	Panama			0.7
波兰	Poland	1.0		1.0
葡萄牙	Portugal	0.7		0.6
罗马尼亚	Romania	1.7	1.6	1.5
斯洛伐克	Slovakia	1.3		
斯洛文尼亚	Slovenia	0.8	0.8	0.8
斯里兰卡	Sri Lanka		0.5	0.6
土耳其	Turkey	0.3		0.4
乌克兰	Ukraine	0.3		

说明:空格表示尚无法获得数据。

Explanation: A blank indicates that data is not yet available.

5.5 "一带一路"样本国家的社会支出
"The Belt and Road" sample countries' social expenditure

5.5.1 "一带一路"样本国家的公共社会支出占国内生产总值的比率
The ratio of public social expenditure to GDP in "the Belt and Road" sample countries

资料来源:经济合作发展组织数据库

Source: OECD Database

单位:%(percent)

国家与地区	Countries and Regions	2014	2015	2016
奥地利	Austria	27.74	27.70	27.84
智利	Chile	10.27	10.77	11.02
捷克共和国	Czech Republic	20.22	19.40	19.14
希腊	Greece	25.17	25.43	25.74
匈牙利	Hungary	21.53	20.89	20.80
以色列	Israel	15.50	15.54	15.49
韩国	Korea, Republic of	9.67	10.21	10.52
立陶宛	Lithuania	15.57	15.82	16.01
新西兰	New Zealand	19.62	19.21	18.92
波兰	Poland	20.35	20.22	21.20
葡萄牙	Portugal	25.07	24.04	23.67
斯洛伐克	Slovakia	18.09	17.80	17.78
斯洛文尼亚	Slovenia	23.06	22.64	22.16
土耳其	Turkey	11.70	11.57	12.52

5.5.2 "一带一路"样本国家的公共养老金支出占国内生产总值的比率

The ratio of public pension expenditure to GDP in "the Belt and Road" sample countries

资料来源:经济合作发展组织数据库

Source: OECD Database

单位:%(percent)

国家与地区	Countries and Regions	2014	2015	2016
奥地利	Austria	13.41	13.30	
智利	Chile	2.94	2.90	2.83
捷克共和国	Czech Republic	8.40	8.08	
希腊	Greece	16.41	16.87	
匈牙利	Hungary	9.55	9.20	
以色列	Israel	4.86	4.78	4.74
韩国	Korea, Republic of	2.65	2.92	2.94
立陶宛	Lithuania	6.84	6.69	
新西兰	New Zealand	5.04	4.93	4.93
波兰	Poland	11.14		
葡萄牙	Portugal	13.93	13.34	
斯洛伐克	Slovakia	7.43	7.34	
斯洛文尼亚	Slovenia	11.36	11.14	
土耳其	Turkey	7.14	7.10	7.72

说明:空格表示尚无法获得数据。

Explanation: A blank indicates that data is not yet available.

5.5.3 "一带一路"样本国家的公共失业支出占国内生产总值的比率

The ratio of public unemployment spending to GDP in "the Belt and Road" sample countries

资料来源:经济合作发展组织数据库

Source: OECD Database

单位:%(percent)

国家与地区	Countries and Regions	2014	2015	2016
奥地利	Austria	1.00	1.06	
智利	Chile	0.06	0.09	0.02
捷克共和国	Czech Republic	0.56	0.48	
希腊	Greece	0.52	0.49	
匈牙利	Hungary	0.36	0.31	
以色列	Israel	0.33	0.31	0.28
韩国	Korea, Republic of	0.28	0.29	0.30
立陶宛	Lithuania	0.19	0.23	
新西兰	New Zealand	0.40	0.34	0.31
波兰	Poland	0.20		
葡萄牙	Portugal	1.29	0.98	
斯洛伐克	Slovakia	0.35	0.36	

续表

国家与地区	Countries and Regions	2014	2015	2016
斯洛文尼亚	Slovenia	0.61	0.55	
土耳其	Turkey	0.14	0.20	0.30

说明:空格表示尚无法获得数据。

Explanation: A blank indicates that data is not yet available.

5.5.4 "一带一路"样本国家的家庭津贴公共支出占国内生产总值的比率

The ratio of public expenditure on family allowances to GDP in "the Belt and Road" sample countries

资料来源:经济合作发展组织数据库

Source: OECD Database

单位:%(percent)

国家与地区	Countries and Regions	2014	2015	2016
奥地利	Austria	2.61	2.65	
智利	Chile	1.53	1.70	1.79
捷克共和国	Czech Republic	2.10	2.04	
希腊	Greece	1.10	1.03	
匈牙利	Hungary	2.95	2.97	
以色列	Israel	1.87	1.89	1.94
韩国	Korea, Republic of	1.18	1.20	1.21
立陶宛	Lithuania	1.68	1.75	
新西兰	New Zealand	2.68	2.59	2.48
波兰	Poland	1.53		
葡萄牙	Portugal	1.23	1.20	
斯洛伐克	Slovakia	2.03	1.98	
斯洛文尼亚	Slovenia	1.85	1.78	
土耳其	Turkey	0.37	0.38	0.41

说明:空格表示尚无法获得数据。

Explanation: A blank indicates that data is not yet available.

5.5.5 "一带一路"样本国家的失能待遇公共支出占国内生产总值的比率

The ratio of disability public expenditure to GDP in "the Belt and Road" sample countries

资料来源:经济合作发展组织数据库

Source: OECD Database

单位:%(percent)

国家与地区	Countries and Regions	2014	2015	2016
奥地利	Austria	2.22	2.14	
智利	Chile	0.69	0.73	0.74
捷克共和国	Czech Republic	1.76	1.74	
希腊	Greece	1.85	1.88	

国家与地区	Countries and Regions	2014	2015	2016
匈牙利	Hungary	1.92	1.85	
以色列	Israel	2.51	2.54	2.59
韩国	Korea, Republic of	0.56	0.59	0.59
立陶宛	Lithuania	1.81	1.97	
新西兰	New Zealand	2.51	2.49	2.43
波兰	Poland	2.36		
葡萄牙	Portugal	1.81	1.78	
斯洛伐克	Slovakia	1.87	1.86	
斯洛文尼亚	Slovenia	1.99	1.95	
土耳其	Turkey	0.45	0.43	0.46

说明:空格表示尚无法获得数据。

Explanation: A blank indicates that data is not yet available.

5.6 "一带一路"样本国家的卫生费用支出
Health expenditure in "the Belt and Road" sample countries

5.6.1 "一带一路"样本国家的经常性卫生费用支出占国内生产总值的比率
Recurrent health expenditure as a percentage of GDP in "the Belt and Road" sample countries

资料来源:世界卫生组织数据库

Source: WHO Database

单位:%(percent)

国家与地区	Countries and Regions	2014	2015	2016
亚美尼亚	Armenia	10.18	10.12	9.93
奥地利	Austria	10.37	10.34	10.44
阿塞拜疆	Azerbaijan	5.56	6.84	6.89
孟加拉国	Bangladesh	2.50	2.46	2.37
白俄罗斯	Belarus	5.39	6.07	6.32
保加利亚	Bulgaria	8.51	8.20	8.23
喀麦隆	Cameroon	4.53	4.70	4.69
智利	Chile	7.81	8.30	8.53
中国	China	4.77	4.89	4.98
哥斯达黎加	Costa Rica	7.80	7.78	7.56
捷克共和国	Czech Republic	7.65	7.24	7.15
厄瓜多尔	Ecuador	8.62	8.59	8.39
埃及	Egypt	4.69	4.62	4.64
加纳	Ghana	5.62	6.09	4.45
希腊	Greece	7.95	8.19	8.45
匈牙利	Hungary	7.09	7.12	7.36
以色列	Israel	7.21	7.38	7.31

国家与地区	Countries and Regions	2014	2015	2016
哈萨克斯坦	Kazakhstan	2.75	3.09	3.53
韩国	Korea,Republic of	6.82	7.05	7.34
立陶宛	Lithuania	6.20	6.48	6.67
马来西亚	Malaysia	3.77	3.90	3.80
摩尔多瓦	Moldova,Republic of	10.28	10.18	9.22
蒙古国	Mongolia	3.73	3.88	3.81
新西兰	New Zealand	9.42	9.31	9.22
巴拿马	Panama	6.73	6.79	7.26
菲律宾	Philippines	4.13	4.32	4.39
波兰	Poland	6.25	6.34	6.52
葡萄牙	Portugal	9.02	8.97	9.08
罗马尼亚	Romania	5.03	4.94	4.98
俄罗斯联邦	Russian Federation	5.17	5.28	5.27
斯洛伐克	Slovakia	6.91	6.87	7.13
斯洛文尼亚	Slovenia	8.51	8.50	8.47
斯里兰卡	Sri Lanka	3.61	3.89	3.89
土耳其	Turkey	4.35	4.14	4.31
乌克兰	Ukraine	6.64	6.96	6.76
越南	Viet Nam	5.78	5.65	5.66

说明:根据 2011 年卫生账户体系框架(SHA2011),将经常性卫生费用与资本性卫生费用相区分。经常性卫生费用是指一个年度内医疗服务及其物品的消费支出,资本性卫生费用是指医疗设施兴建、设备购置等支出。

Explanation: According to the framework of System of Health Accounts 2011 (SHA2011), recurrent health expenses and capital health expenses are distinguished. Recurrent health expenses refer to the consumption expenditure of medical services and articles within one year, while capital health expenses refer to the expenditure of construction of medical facilities and purchase of equipment.

5.6.2 "一带一路"样本国家的政府向卫生领域转移支付占国内生产总值的比率(包括政府对社会保险的补贴)

Government transfer payments to the health sector as a percentage of GDP (including government subsidies to social security) in "the Belt and Road" sample countries

资料来源:世界卫生组织数据库

Source: WHO Database

单位:%(percent)

国家与地区	Countries and Regions	2014	2015	2016
亚美尼亚	Armenia	1.51	1.61	1.63
奥地利	Austria	3.37	3.35	3.38
阿塞拜疆	Azerbaijan	1.23	1.43	1.38
孟加拉国	Bangladesh	0.48	0.43	0.42
白俄罗斯	Belarus	3.37	3.69	3.88
保加利亚	Bulgaria	2.25	1.86	1.87

续表

国家与地区	Countries and Regions	2014	2015	2016
喀麦隆	Cameroon	0.53	0.68	0.63
智利	Chile	2.43	2.68	2.90
中国	China	1.51	1.68	1.54
哥斯达黎加	Costa Rica	0.48	0.46	0.54
捷克共和国	Czech Republic	2.21	2.07	2.02
厄瓜多尔	Ecuador	2.21	2.42	2.54
埃及	Egypt	1.25	1.40	1.13
加纳	Ghana	1.86	2.01	1.59
希腊	Greece	2.79	2.84	3.12
匈牙利	Hungary	3.29	3.56	3.66
以色列	Israel	2.77	2.84	2.78
哈萨克斯坦	Kazakhstan	1.86	1.92	2.07
韩国	Korea, Republic of	1.19	1.25	1.26
立陶宛	Lithuania	1.73	1.75	1.71
马来西亚	Malaysia	2.04	2.05	1.89
摩尔多瓦	Moldova, Republic of	2.90	2.30	2.21
蒙古国	Mongolia	1.24	1.38	1.50
新西兰	New Zealand	6.71	6.51	6.41
巴拿马	Panama	2.47	2.54	2.83
菲律宾	Philippines	0.90	1.17	1.21
波兰	Poland	0.69	0.68	0.73
葡萄牙	Portugal	5.85	5.83	5.91
罗马尼亚	Romania	1.44	1.19	1.12
俄罗斯联邦	Russian Federation	2.26	2.01	1.84
斯洛伐克	Slovakia	1.87	1.93	2.03
斯洛文尼亚	Slovenia	0.48	0.43	0.48
斯里兰卡	Sri Lanka	1.60	1.69	1.66
土耳其	Turkey	1.62	1.48	1.63
乌克兰	Ukraine	2.90	2.92	2.85
越南	Viet Nam	1.48	1.29	1.42

5.6.3 "一带一路"样本国家的社会健康保险缴费全额占国内生产总值的比率（只包括雇主和雇员缴费，不包括政府补贴）

The ratio of social health insurance contributions to GDP in the sample countries of "the Belt and Road" (including employer and employee contributions only, excluding government subsidies)

资料来源：世界卫生组织数据库

Source: WHO Database

单位：%（percent）

国家与地区	Countries and Regions	2014	2015	2016
奥地利	Austria	4.15	4.18	4.19
孟加拉国	Bangladesh	0.00	0.00	0.00

续表

国家与地区	Countries and Regions	2014	2015	2016
保加利亚	Bulgaria	2.25	2.31	2.29
智利	Chile	1.30	1.31	1.33
中国	China	1.28	1.27	1.35
哥斯达黎加	Costa Rica	5.05	5.23	4.99
捷克共和国	Czech Republic	4.11	3.88	3.83
厄瓜多尔	Ecuador	2.24	1.82	1.76
埃及	Egypt	0.23	0.24	0.23
加纳	Ghana	0.11	0.13	0.12
希腊	Greece	1.79	1.89	2.01
匈牙利	Hungary	1.45	1.17	1.19
以色列	Israel	1.79	1.79	1.80
韩国	Korea, Republic of	2.72	2.79	2.97
立陶宛	Lithuania	2.39	2.53	2.67
马来西亚	Malaysia	0.03	0.02	0.03
摩尔多瓦	Moldova, Republic of	2.18	2.34	2.41
蒙古国	Mongolia	0.67	0.63	0.66
新西兰	New Zealand	0.79	0.84	0.84
巴拿马	Panama	1.71	1.69	1.93
菲律宾	Philippines	0.24	0.19	0.17
波兰	Poland	3.70	3.73	3.78
葡萄牙	Portugal	0.11	0.11	0.11
罗马尼亚	Romania	2.53	2.66	2.77
俄罗斯联邦	Russian Federation	0.93	1.09	1.16
斯洛伐克	Slovakia	3.63	3.48	3.66
斯洛文尼亚	Slovenia	5.52	5.64	5.65
斯里兰卡	Sri Lanka	0.01	0.01	0.02
土耳其	Turkey	1.75	1.76	1.76
越南	Viet Nam	0.95	1.08	1.26

5.6.4 "一带一路"样本国家的家庭自付医疗费用占国内生产总值的比率

Households′out-of-pocket medical expenses as a percentage of GDP in "the Belt and Road" sample countries

资料来源:世界卫生组织数据库

Source: WHO Database

单位:%(percent)

国家与地区	Countries and Regions	2014	2015	2016
亚美尼亚	Armenia	8.40	8.26	8.01
奥地利	Austria	1.98	1.97	1.97
阿塞拜疆	Azerbaijan	4.27	5.33	5.44
孟加拉国	Bangladesh	1.75	1.77	1.70
白俄罗斯	Belarus	1.88	2.20	2.26

续表

国家与地区	Countries and Regions	2014	2015	2016
保加利亚	Bulgaria	3.90	3.91	3.95
喀麦隆	Cameroon	3.21	3.28	3.26
智利	Chile	2.68	2.86	2.97
中国	China	1.75	1.72	1.79
哥斯达黎加	Costa Rica	1.92	1.77	1.67
捷克共和国	Czech Republic	1.08	1.07	1.07
厄瓜多尔	Ecuador	3.62	3.77	3.40
埃及	Egypt	2.77	2.86	2.87
加纳	Ghana	2.53	2.18	1.68
希腊	Greece	2.91	2.96	2.90
匈牙利	Hungary	2.01	2.06	2.19
以色列	Israel	1.64	1.67	1.68
哈萨克斯坦	Kazakhstan	0.71	0.98	1.25
韩国	Korea, Republic of	2.34	2.40	2.44
立陶宛	Lithuania	1.95	2.06	2.16
马来西亚	Malaysia	1.33	1.38	1.43
摩尔多瓦	Moldova, Republic of	3.94	4.70	4.16
蒙古国	Mongolia	1.46	1.52	1.37
新西兰	New Zealand	1.21	1.24	1.25
巴拿马	Panama	2.05	2.05	1.99
菲律宾	Philippines	2.30	2.37	2.37
波兰	Poland	1.44	1.47	1.50
葡萄牙	Portugal	2.50	2.49	2.52
罗马尼亚	Romania	1.02	1.05	1.03
俄罗斯联邦	Russian Federation	1.85	2.04	2.13
斯洛伐克	Slovakia	1.24	1.27	1.27
斯洛文尼亚	Slovenia	1.10	1.06	1.02
斯里兰卡	Sri Lanka	1.76	1.90	1.95
土耳其	Turkey	0.77	0.70	0.71
乌克兰	Ukraine	3.46	3.75	3.66
越南	Viet Nam	2.41	2.46	2.52

5.6.5 "一带一路"样本国家的自愿健康保险支付的医疗费用占国内生产总值的比率

The proportion of medical costs paid by voluntary health insurance to GDP in "the Belt and Road" sample countries

资料来源:世界卫生组织数据库

Source: WHO Database

单位:%(percent)

国家与地区	Countries and Regions	2014	2015	2016
亚美尼亚	Armenia	0.10	0.10	0.07
奥地利	Austria	0.53	0.53	0.55

续表

国家与地区	Countries and Regions	2014	2015	2016
阿塞拜疆	Azerbaijan	0.04	0.05	0.05
孟加拉国	Bangladesh	0.00	0.00	0.00
白俄罗斯	Belarus	0.03	0.04	0.04
保加利亚	Bulgaria	0.03	0.03	0.03
喀麦隆	Cameroon	0.26	0.26	0.26
智利	Chile	0.51	0.53	0.55
中国	China	0.13	0.16	0.22
哥斯达黎加	Costa Rica	0.20	0.19	0.19
捷克共和国	Czech Republic	0.01	0.01	0.01
厄瓜多尔	Ecuador	0.43	0.47	0.57
埃及	Egypt	0.05	0.05	0.05
加纳	Ghana	0.01	0.05	0.08
希腊	Greece	0.30	0.31	0.33
匈牙利	Hungary	0.18	0.16	0.16
以色列	Israel	0.81	0.82	0.82
哈萨克斯坦	Kazakhstan	0.05	0.05	0.05
韩国	Korea, Republic of	0.42	0.45	0.50
立陶宛	Lithuania	0.05	0.06	0.05
马来西亚	Malaysia	0.32	0.38	0.39
摩尔多瓦	Moldova, Republic of	0.02	0.02	0.02
蒙古国	Mongolia	0.01	0.02	0.01
新西兰	New Zealand	0.47	0.47	0.48
巴拿马	Panama	0.45	0.44	0.45
菲律宾	Philippines	0.56	0.46	0.47
波兰	Poland	0.28	0.32	0.35
葡萄牙	Portugal	0.48	0.47	0.45
罗马尼亚	Romania	0.01	0.01	0.02
俄罗斯联邦	Russian Federation	0.11	0.12	0.12
斯洛文尼亚	Slovenia	1.25	1.23	1.19
斯里兰卡	Sri Lanka	0.07	0.08	0.08
乌克兰	Ukraine	0.07	0.07	0.06
越南	Viet Nam	0.15	0.09	0.08

5.6.6 "一带一路"样本国家的政府转移支付占社会健康保险筹资的比率

The ratio of government transfer payments to social health insurance financing in "the Belt and Road" sample countries

资料来源:世界卫生组织数据库

Source: WHO Database

单位:%(percent)

国家与地区	Countries and Regions	2014	2015	2016
奥地利	Austria	5	5	

国家与地区	Countries and Regions	2014	2015	2016
保加利亚	Bulgaria	40	32	32
智利	Chile	64	66	67
中国	China	38	41	30
哥斯达黎加	Costa Rica	4	3	5
捷克共和国	Czech Republic	24	24	23
厄瓜多尔	Ecuador	2	3	5
加纳	Ghana	77	77	76
希腊	Greece	19	19	19
以色列	Israel	45	47	48
韩国	Korea, Republic of	28	28	28
立陶宛	Lithuania	31	30	29
摩尔多瓦	Moldova, Republic of	47	43	43
蒙古国	Mongolia	5	12	12
巴拿马	Panama	3	3	18
波兰	Poland	2	2	2
罗马尼亚	Romania	4	4	4
俄罗斯联邦	Russian Federation	47	43	38
斯洛伐克	Slovakia	30	32	
斯洛文尼亚	Slovenia	3	3	2
土耳其	Turkey	28	25	
越南	Viet Nam	16	13	14

说明:空格表示数据无法获取。

Explanation: A blank indicates that the data is not available.

5.6.7 "一带一路"样本国家的政府转移支付占经常性卫生费用支出的比率

The proportion of government transfer payments to recurrent health expenditure in "the Belt and Road" sample countries

资料来源:世界卫生组织数据库

Source: WHO Database

单位:%(percent)

国家与地区	Countries and Regions	2014	2015	2016
亚美尼亚	Armenia	15.61	16.47	17.50
奥地利	Austria	30.21	30.06	30.04
阿塞拜疆	Azerbaijan	22.12	20.89	19.96
孟加拉国	Bangladesh	19.03	17.63	17.96
白俄罗斯	Belarus	62.60	60.79	61.50
保加利亚	Bulgaria	8.78	9.20	9.35
喀麦隆	Cameroon	16.64	18.93	19.21
智利	Chile	2.26	2.13	2.25
中国	China	18.29	19.73	19.35
哥斯达黎加	Costa Rica	3.56	3.62	3.43

续表

国家与地区	Countries and Regions	2014	2015	2016
捷克共和国	Czech Republic	11.69	12.02	12.32
厄瓜多尔	Ecuador	25.10	27.93	29.48
埃及	Egypt	28.14	25.10	25.14
加纳	Ghana	39.66	42.73	32.40
希腊	Greece	29.64	29.04	31.21
匈牙利	Hungary	9.66	11.21	8.24
以色列	Israel	17.66	16.83	15.66
哈萨克斯坦	Kazakhstan	67.75	62.03	58.79
韩国	Korea, Republic of	15.01	9.12	2.88
立陶宛	Lithuania	10.57	10.71	10.34
马来西亚	Malaysia	10.10	9.97	9.92
摩尔多瓦	Moldova, Republic of	54.10	52.52	49.81
蒙古国	Mongolia	37.37	37.38	40.11
新西兰	New Zealand	71.21	69.99	69.54
巴拿马	Panama	36.31	37.43	33.85
菲律宾	Philippines	18.55	20.28	21.77
波兰	Poland	9.32	9.25	10.02
葡萄牙	Portugal	64.81	64.93	65.13
罗马尼亚	Romania	13.21	13.50	13.09
俄罗斯联邦	Russian Federation	27.80	22.86	21.28
斯洛伐克	Slovakia	4.00	4.33	4.30
斯洛文尼亚	Slovenia	3.72	3.17	3.81
斯里兰卡	Sri Lanka	45.53	44.94	43.55
土耳其	Turkey	21.28	21.86	22.53
乌克兰	Ukraine	43.84	42.19	42.60
越南	Viet Nam	27.73	24.21	26.89

5.6.8 "一带一路"样本国家的社会健康保险筹资金额占经常性卫生费用支出的比率

The ratio of social health insurance funding to recurrent health expenditure in "the Belt and Road" sample countries

资料来源:世界卫生组织数据库

Source: WHO Database

单位:%(percent)

国家与地区	Countries and Regions	2014	2015	2016
奥地利	Austria	43.81	44.06	44.08
孟加拉国	Bangladesh	0.00	0.00	0.00
保加利亚	Bulgaria	44.24	41.89	41.42
智利	Chile	45.47	45.89	47.37
中国	China	40.12	40.45	38.66
哥斯达黎加	Costa Rica	67.20	69.41	69.59
捷克共和国	Czech Republic	70.99	70.36	69.65

国家与地区	Countries and Regions	2014	2015	2016
厄瓜多尔	Ecuador	26.54	21.74	21.99
埃及	Egypt	4.91	5.14	5.01
加纳	Ghana	8.67	9.06	11.00
希腊	Greece	28.56	29.24	30.14
匈牙利	Hungary	57.44	55.65	58.00
以色列	Israel	45.57	45.88	46.84
立陶宛	Lithuania	57.46	57.17	56.98
马来西亚	Malaysia	0.74	0.58	0.66
蒙古国	Mongolia	21.03	18.39	19.74
新西兰	New Zealand	8.35	9.00	9.11
巴拿马	Panama	26.25	25.65	32.42
菲律宾	Philippines	11.17	13.36	12.76
波兰	Poland	60.95	60.34	59.34
葡萄牙	Portugal	1.27	1.24	1.23
罗马尼亚	Romania	65.79	64.53	65.24
俄罗斯联邦	Russian Federation	33.98	35.86	35.67
斯洛文尼亚	Slovenia	67.40	68.57	68.87
斯里兰卡	Sri Lanka	0.40	0.38	0.43
土耳其	Turkey	56.32	56.27	55.91
乌克兰	Ukraine	0.00	0.00	0.00
越南	Viet Nam	19.50	21.78	22.29

5.6.9 "一带一路"样本国家的家庭自付医疗费用占经常性卫生费用支出的比率

The ratio of out-of-pocket medical expenses to recurrent health expenses in "the Belt and Road" sample countries

资料来源:世界卫生组织数据库

Source: WHO Database

单位:%(percent)

国家与地区	Countries and Regions	2014	2015	2016
亚美尼亚	Armenia	82.48	81.63	80.65
奥地利	Austria	19.10	19.01	18.92
阿塞拜疆	Azerbaijan	76.78	77.99	78.92
孟加拉国	Bangladesh	69.93	71.82	71.89
白俄罗斯	Belarus	34.89	36.20	35.80
保加利亚	Bulgaria	45.81	47.67	47.95
喀麦隆	Cameroon	70.88	69.74	69.50
智利	Chile	34.27	34.51	34.77
中国	China	36.56	35.09	35.91
哥斯达黎加	Costa Rica	24.66	22.74	22.14
捷克共和国	Czech Republic	14.08	14.83	15.02
厄瓜多尔	Ecuador	41.98	43.87	40.48

续表

国家与地区	Countries and Regions	2014	2015	2016
埃及	Egypt	59.04	61.96	61.99
加纳	Ghana	45.05	35.80	37.82
希腊	Greece	36.63	36.16	34.34
匈牙利	Hungary	28.34	28.88	29.70
以色列	Israel	22.76	22.67	22.97
哈萨克斯坦	Kazakhstan	25.79	31.61	35.56
韩国	Korea, Republic of	34.28	34.00	33.31
立陶宛	Lithuania	31.49	31.84	32.34
马来西亚	Malaysia	35.15	35.48	37.60
摩尔多瓦	Moldova, Republic of	38.35	46.19	46.29
蒙古国	Mongolia	39.17	38.88	35.87
新西兰	New Zealand	12.85	13.36	13.58
巴拿马	Panama	30.49	30.22	27.43
菲律宾	Philippines	55.69	54.79	53.94
波兰	Poland	23.13	23.25	22.94
葡萄牙	Portugal	27.70	27.73	27.75
罗马尼亚	Romania	20.31	21.28	20.75
俄罗斯联邦	Russian Federation	35.83	38.65	40.48
斯洛伐克	Slovakia	18.01	18.44	17.83
斯洛文尼亚	Slovenia	12.98	12.50	12.00
斯里兰卡	Sri Lanka	48.68	48.93	50.12
土耳其	Turkey	17.73	16.95	16.47
乌克兰	Ukraine	52.19	53.98	54.34
越南	Viet Nam	41.72	43.48	44.57

5.6.10　"一带一路"样本国家的自愿健康保险筹资金额占经常性卫生费用支出的比率

The ratio of voluntary health insurance funding to recurrent health expenditure in "the Belt and Road" sample countries

资料来源:世界卫生组织数据库

Source: WHO Database

单位:%(percent)

国家与地区	Countries and Regions	2014	2015	2016
亚美尼亚	Armenia	0.94	1.01	0.67
奥地利	Austria	5.13	5.11	5.24
阿塞拜疆	Azerbaijan	0.63	0.69	0.74
孟加拉国	Bangladesh	0.15	0.18	0.18
白俄罗斯	Belarus	0.46	0.70	0.69
保加利亚	Bulgaria	0.34	0.40	0.40
喀麦隆	Cameroon	5.72	5.53	5.51
智利	Chile	6.48	6.44	6.47
中国	China	2.62	3.29	4.32

·171·

国家与地区	Countries and Regions	2014	2015	2016
哥斯达黎加	Costa Rica	2.55	2.45	2.57
捷克共和国	Czech Republic	0.16	0.14	0.14
厄瓜多尔	Ecuador	4.95	5.43	6.78
埃及	Egypt	1.08	1.06	1.06
加纳	Ghana	0.22	0.84	1.69
希腊	Greece	3.77	3.75	3.85
匈牙利	Hungary	2.56	2.30	2.14
以色列	Israel	11.28	11.15	11.15
哈萨克斯坦	Kazakhstan	1.81	1.63	1.29
韩国	Korea, Republic of	6.20	6.36	6.79
立陶宛	Lithuania	0.83	0.89	0.67
马来西亚	Malaysia	8.47	9.65	10.13
摩尔多瓦	Moldova, Republic of	0.16	0.20	0.22
蒙古国	Mongolia	0.35	0.39	0.38
新西兰	New Zealand	4.97	5.02	5.17
巴拿马	Panama	6.69	6.43	6.24
菲律宾	Philippines	13.50	10.60	10.61
波兰	Poland	4.53	5.04	5.40
葡萄牙	Portugal	5.35	5.20	4.98
罗马尼亚	Romania	0.23	0.28	0.47
俄罗斯联邦	Russian Federation	2.05	2.30	2.25
斯洛文尼亚	Slovenia	14.74	14.47	14.04
斯里兰卡	Sri Lanka	1.86	1.95	2.04
乌克兰	Ukraine	1.08	0.97	0.83
越南	Viet Nam	2.58	1.53	1.43

5.6.11 "一带一路"样本国家的经常性卫生费用支出的人均金额

Per capita amount of recurrent health expenditure in"the Belt and Road" sample countries

资料来源:世界卫生组织数据库

Source: WHO Database

单位:美元(US Dollars)

国家与地区	Countries and Regions	2014	2015	2016
亚美尼亚	Armenia	406.59	366.05	358.84
奥地利	Austria	5386.42	4603.03	4688.28
阿塞拜疆	Azerbaijan	440.33	377.43	268.16
孟加拉国	Bangladesh	28.83	31.84	34.22
白俄罗斯	Belarus	447.70	360.98	317.99
保加利亚	Bulgaria	666.40	572.04	612.48
喀麦隆	Cameroon	71.24	63.63	64.47
智利	Chile	1154.85	1140.13	1190.55
中国	China	361.72	392.85	398.33

续表

国家与地区	Countries and Regions	2014	2015	2016
哥斯达黎加	Costa Rica	829.56	885.90	888.85
捷克共和国	Czech Republic	1512.93	1284.05	1321.62
厄瓜多尔	Ecuador	551.47	528.20	504.78
加纳	Ghana	81.52	82.41	67.51
希腊	Greece	1724.55	1475.71	1510.67
匈牙利	Hungary	1006.16	887.81	942.59
以色列	Israel	2800.50	2735.32	2837.14
哈萨克斯坦	Kazakhstan	347.66	320.74	262.01
立陶宛	Lithuania	1021.22	920.19	987.95
马来西亚	Malaysia	421.97	376.06	361.52
摩尔多瓦	Moldova, Republic of	230.77	186.44	175.77
蒙古国	Mongolia	155.83	153.24	140.71
巴拿马	Panama	883.68	929.80	1040.67
菲律宾	Philippines	117.34	124.38	129.43
波兰	Poland	896.01	796.74	809.01
罗马尼亚	Romania	503.46	442.37	476.37
俄罗斯联邦	Russian Federation	742.28	501.85	469.13
斯洛伐克	Slovakia	1287.63	1108.43	1178.74
斯洛文尼亚	Slovenia	2059.64	1775.15	1834.16
斯里兰卡	Sri Lanka	138.77	151.37	153.10
土耳其	Turkey	527.20	454.61	468.65
乌克兰	Ukraine	197.36	141.80	141.83
越南	Viet Nam	116.36	116.74	122.84

5.6.12 "一带一路"样本国家的社会健康保险筹资的人均金额(包括政府补贴)

Per capita amount of social health insurance funding (including government subsidies) in "the Belt and Road" sample countries

资料来源:世界卫生组织数据库

Source: WHO Database

单位:美元(US Dollars)

国家与地区	Countries and Regions	2014	2015	2016
奥地利	Austria	2,357.99	2,029.14	
孟加拉国	Bangladesh	0.00	0.00	0.00
保加利亚	Bulgaria	294.82	239.62	253.70
智利	Chile	525.13	523.17	564.01
中国	China	145.14	158.90	154.00
哥斯达黎加	Costa Rica	557.46	614.92	618.55
捷克共和国	Czech Republic	1,074.06	903.40	920.57
厄瓜多尔	Ecuador	146.39	114.84	111.02
埃及	Egypt	7.55	8.06	6.56
加纳	Ghana	7.07	7.47	7.43

国家与地区	Countries and Regions	2014	2015	2016
希腊	Greece	492.54	431.51	455.31
匈牙利	Hungary	578.81	496.80	546.68
以色列	Israel	1,276.26	1,254.88	1,328.90
韩国	Korea, Republic of	891.46	899.01	966.49
立陶宛	Lithuania	586.82	526.11	562.91
马来西亚	Malaysia	3.13	2.17	2.40
摩尔多瓦	Moldova, Republic of	92.39	74.59	80.14
蒙古国	Mongolia	32.77	28.35	27.78
新西兰	New Zealand	346.25	322.28	341.33
巴拿马	Panama	231.93	238.49	337.40
菲律宾	Philippines	13.10	16.61	16.51
波兰	Poland	546.10	480.72	480.11
葡萄牙	Portugal	25.30	21.31	22.10
罗马尼亚	Romania	331.24	285.46	310.79
俄罗斯联邦	Russian Federation	252.26	179.95	167.36
斯洛伐克	Slovakia	981.52	835.55	
斯洛文尼亚	Slovenia	1,388.10	1,217.29	1,263.27
斯里兰卡	Sri Lanka	0.56	0.58	0.66
土耳其	Turkey	296.93	255.82	
乌克兰	Ukraine	0.00	0.00	0.00
越南	Viet Nam	22.69	25.43	27.39

5.6.13 "一带一路"样本国家的社会健康保险缴费的人均金额(不包括政府补贴)

Per capita amount of social health insurance contributions (excluding government subsidies) in "the Belt and Road" sample countries

资料来源:世界卫生组织数据库

Source: WHO Database

单位:美元(US Dollars)

国家与地区	Countries and Regions	2014	2015	2016
奥地利	Austria	2,157.31	1,861.14	1,882.87
孟加拉国	Bangladesh	0.00	0.00	0.00
保加利亚	Bulgaria	176.02	161.40	170.16
智利	Chile	191.63	179.34	185.68
中国	China	97.21	101.78	108.30
哥斯达黎加	Costa Rica	536.86	595.48	587.02
捷克共和国	Czech Republic	812.19	688.70	708.17
厄瓜多尔	Ecuador	143.18	111.72	105.79
埃及	Egypt	7.55	8.06	6.56
加纳	Ghana	1.65	1.74	1.75
希腊	Greece	389.15	340.85	359.73
匈牙利	Hungary	205.15	145.64	152.14

续表

国家与地区	Countries and Regions	2014	2015	2016
以色列	Israel	696.50	662.96	696.63
韩国	Korea, Republic of	761.15	762.22	827.09
立陶宛	Lithuania	394.38	359.73	395.02
马来西亚	Malaysia	3.13	2.17	2.40
摩尔多瓦	Moldova, Republic of	48.82	42.81	45.93
蒙古国	Mongolia	27.99	25.00	24.50
新西兰	New Zealand	346.25	322.28	341.33
巴拿马	Panama	224.25	231.90	276.89
菲律宾	Philippines	6.69	5.40	5.10
波兰	Poland	529.89	468.32	468.88
葡萄牙	Portugal	25.30	21.31	22.10
罗马尼亚	Romania	252.99	237.94	264.88
俄罗斯联邦	Russian Federation	134.15	103.42	103.36
斯洛伐克	Slovakia	676.63	562.22	604.96
斯洛文尼亚	Slovenia	1,335.36	1,177.83	1,222.87
斯里兰卡	Sri Lanka	0.56	0.58	0.66
土耳其	Turkey	212.53	192.99	190.92
越南	Viet Nam	19.14	22.23	27.39

5.6.14 "一带一路"样本国家人均自付医疗费用金额
Per capita amount of out-of-pocket medical expenses in "the Belt and Road" sample countries

资料来源:世界卫生组织数据库
Source: WHO Database
单位:美元(US Dollars)

国家与地区	Countries and Regions	2014	2015	2016
亚美尼亚	Armenia	335.36	298.81	289.39
奥地利	Austria	1028.71	874.95	887.01
阿塞拜疆	Azerbaijan	338.10	294.37	211.63
孟加拉国	Bangladesh	20.16	22.87	24.60
白俄罗斯	Belarus	156.22	130.68	113.84
保加利亚	Bulgaria	305.30	272.68	293.71
喀麦隆	Cameroon	50.50	44.38	44.81
智利	Chile	395.75	393.45	413.95
中国	China	132.26	137.85	143.03
哥斯达黎加	Costa Rica	204.56	201.42	196.83
捷克共和国	Czech Republic	213.05	190.40	198.56
厄瓜多尔	Ecuador	231.53	231.72	204.34
埃及	Egypt	90.80	97.05	81.20
加纳	Ghana	36.72	29.50	25.53
希腊	Greece	631.73	533.61	518.82
匈牙利	Hungary	285.13	256.38	279.94
以色列	Israel	637.34	620.15	651.75

国家与地区	Countries and Regions	2014	2015	2016
哈萨克斯坦	Kazakhstan	89.65	101.37	93.17
韩国	Korea,Republic of	654.99	655.05	680.82
立陶宛	Lithuania	321.61	292.98	319.50
马来西亚	Malaysia	148.34	133.42	135.92
摩尔多瓦	Moldova,Republic of	88.50	86.11	79.24
蒙古国	Mongolia	61.04	59.91	50.48
新西兰	New Zealand	532.59	478.76	508.43
巴拿马	Panama	269.43	280.99	285.41
菲律宾	Philippines	65.35	68.15	69.82
波兰	Poland	207.21	185.21	185.62
葡萄牙	Portugal	550.37	478.17	499.77
罗马尼亚	Romania	102.25	94.12	98.85
俄罗斯联邦	Russian Federation	265.93	193.95	189.93
斯洛伐克	Slovakia	231.88	204.43	210.16
斯洛文尼亚	Slovenia	267.41	221.87	220.14
斯里兰卡	Sri Lanka	67.56	74.07	76.73
土耳其	Turkey	93.45	77.05	77.17
乌克兰	Ukraine	103.01	76.54	76.72
越南	Viet Nam	48.55	50.76	54.75

5.6.15 "一带一路"样本国家的全民卫生服务覆盖指数

The index of universal health service coverage in "the Belt and Road" sample countries

资料来源：世界卫生组织数据库

Source: WHO Database

单位：%（percent）

国家与地区	Countries and Regions	2013	2014	2015
亚美尼亚	Armenia			67
奥地利	Austria			80
阿塞拜疆	Azerbaijan			64
孟加拉国	Bangladesh			46
白俄罗斯	Belarus			74
保加利亚	Bulgaria			64
喀麦隆	Cameroon			44
智利	Chile			70
中国	China			76
哥斯达黎加	Costa Rica			75
捷克共和国	Czech Republic			73
厄瓜多尔	Ecuador			75
埃及	Egypt			68
加纳	Ghana			45
希腊	Greece			70
匈牙利	Hungary			70

续表

国家与地区	Countries and Regions	2013	2014	2015
以色列	Israel			80
哈萨克斯坦	Kazakhstan			71
韩国	Korea, Republic of			80
立陶宛	Lithuania			67
摩尔多瓦	Moldova, Republic of			65
蒙古国	Mongolia			63
新西兰	New Zealand			80
巴拿马	Panama			75
菲律宾	Philippines			58
波兰	Poland			75
葡萄牙	Portugal			80
罗马尼亚	Romania			72
俄罗斯联邦	Russian Federation			63
斯洛伐克	Slovakia			76
斯洛文尼亚	Slovenia			78
斯里兰卡	Sri Lanka			62
土耳其	Turkey			71
乌克兰	Ukraine			63
越南	Viet Nam			73

说明:空格表示数据无法获取。

Explanation: A blank indicates that data is not available.

5.6.16 "一带一路"样本国家的家庭自付医疗费用超过消费支出10%的家庭比率

The proportion of households in "the Belt and Road" sample countries that pay out-of-pocket medical expenses exceeds consumer expenditure by 10%

资料来源:世界卫生组织数据库

Source: WHO Database

单位:%(percent)

国家与地区	Countries and Regions	2013	2014	2015
亚美尼亚	Armenia	16.05		
喀麦隆	Cameroon		10.78	
哈萨克斯坦	Kazakhstan	1.83		
摩尔多瓦	Moldova, Republic of	16.05		
菲律宾	Philippines			6.31
俄罗斯联邦	Russian Federation	4.84	4.87	
乌克兰	Ukraine	7.21		
越南	Viet Nam		9.81	

说明:空格表示数据无法获取。

Explanation: A blank indicates that data is not available.

5.6.17 "一带一路"样本国家的家庭自付医疗费用超过消费支出25%的家庭比率

The proportion of households in "the Belt and Road" sample countries that pay out-of-pocket medical expenses exceeds consumer expenditure by 25%

资料来源:世界卫生组织数据库

Source: WHO Database

单位:%(percent)

国家与地区	Countries and Regions	2013	2014	2015
亚美尼亚	Armenia	4.87		
喀麦隆	Cameroon		2.98	
哈萨克斯坦	Kazakhstan	0.08		
摩尔多瓦	Moldova, Republic of	3.56		
菲律宾	Philippines			1.41
俄罗斯联邦	Russian Federation	0.66	0.6	
乌克兰	Ukraine	1.07		
越南	Viet Nam		2.07	

说明:空格表示数据无法获取。

Explanation: A blank indicates that data is not available.

参考文献

联合国数据库[DB/OL]. http://data.un.org

联合国可持续发展目标网站[DB/OL]. https://unstats.un.org/sdgs/

国际劳工组织数据库[DB/OL]. https://ilostat.ilo.org/data/

世界银行数据库[DB/OL]. https://data.worldbank.org

世界卫生组织数据库[DB/OL]. https://www.who.int/gho/en/

国际社会保障协会数据库 t https://ww1.issa.int/administrative-data

经济合作发展组织数据库[DB/OL]. https://data.oecd.org

Bibliography

UN Database. Available at http://data.un.org

Sustainable Development Goal indicators website. Available at https://unstats.un.org/sdgs/

ILO Database. Available at https://ilostat.ilo.org/data/

Worldbank Database. Available at https://data.worldbank.org

WHO Database. Available at https://www.who.int/gho/en/

ISSA Database. Available at https://ww1.issa.int/administrative-data

OECD Database. Available at https://data.oecd.org